入門講座
英語の意味とニュアンス

吉川 洋・友繁義典 著

John looked at the picture.
John saw the picture.

大修館書店

はしがき

　本書は，意味に重点を置いた文法に基づいて，みなさんを英語の意味の世界へ，そして，その先のさらに豊かでこまやかな意味合い（ニュアンス）の世界へと案内することを意図した入門書です。

　中学校や高等学校の英文法では，動詞を中心にして文を5文型（SV, SVC, SVO, SVOO, SVOC）に分類することを学びました。しかし，この分類法は，語の並べ方という形式面に着目したものであって，文の意味を理解するためには十分ではありません。
　例えば，
　（i）　John ran to the station.
　（ii）　John ran toward the station.
を例にとって考えてみましょう。
　5文型の考え方を適用すると，ranに続くto the stationとtoward the stationは無視され，どちらの文も同じSV型の文に分類されてしまいます。この二つの文の間には，決定的な意味の違いがあるのですが，5文型の考え方ではその差異をとらえることはできません。
　本書では，（i）と（ii）の根底にある意味の違いを探り，それらがどのように使い分けられるのかを明らかにしていきます。

　本書の構成は以下の通りです。
　第1章では，英語の意味・ニュアンスの世界へ迫るための手がかりとして，動詞句の根底にある意味（意味特性）に基づいて動詞句を分類し，動詞句のタイプごとの特徴を考察します。第2章では，英語の語・句・文において，意味が一つに決められないケース（あいまい性のある表現）を紹

介し，その要因を探ります。第3章では，よく似ている英語表現の間に認められる微妙な意味の違いを考察し，表現と意味・ニュアンスとの関係について探究していきます。

　本書の執筆に当たっては，吉川が第1章，友繁が第3章を担当しました。第2章は，二人で協力して執筆しました。
　内容については，二人で何度も読み返し，議論を重ねましたが，不十分な箇所もあることと思われます。不備な説明，思わぬ間違いなどがありましたら，御教示いただければ幸いです。また，本書で取り上げている例文は，巻末の参考文献から直接引用したもの，あるいは若干のアレンジを加えたものであることを，お断りしておきます。
　本書が，みなさんにとって，従来の無味乾燥な英文法から抜け出して，これまでとは違った角度から英語を眺め，英語の理解を深めるための足がかりとなれば，望外の幸せです。

　最後になりましたが，本書の出版を御快諾いただいた大修館書店に深く感謝の意を表します。特に，編集部の山田豊樹氏には，原稿の段階で，数々の有益な御提案や的を射た御指摘をいただきました。本書が完成するまでの長期にわたる氏の御尽力に心よりお礼を申し上げます。

　　平成20年1月

　　　　　　　　　　　　　　　　　　　　　　　　　　著　者

目　次

はしがき　　　　　　　　　iii

第 1 章　動詞句の分類と意味 —————————— 3
「スル」と「ナル」からのアプローチ

1. 動詞句の意味特性「スル」と「ナル」………5
    1-1.　意味特性「スル」………5
    1-2.　意味特性「ナル」………8
2. 意味特性「スル」「ナル」と動詞句の分類………12
    2-1.　状態動詞句と非状態動詞句………12
    2-2.　非状態動詞句の下位区分――活動動詞句と出来事動詞句………16
    2-3.　出来事動詞句の下位区分――到達動詞句と達成動詞句………21
    2-4.　意味特性と前置詞句………23
    2-5.　意味特性と目的語………29
3. 動詞句分類の実際………31
    3-1.　study と know………31
    3-2.　see と look at………33
    3-3.　hear と listen to………35
    3-4.　redden (vi.) と be red………37
    3-5.　die と be dead………38

3-6. catch a cold と have a cold………40

3-7. realize と know………42

3-8. get drunk と be drunk………43

3-9. redden(vt.) と be red………45

3-10. hammer the metal と hammer the metal flat………46

3-11. treat(「治療する」の意) と cure………48

3-12. be asleep, sleep と fall asleep………49

3-13. be cool, cool(vi.), cool(vt.)………51

第2章 あいまい性と意味 ── 53

1. 語, 句, および文のあいまい性………55

    1-1. 語のあいまい性………55

    1-2. 句のあいまい性………57

        1-2-1. 動詞-ing＋名詞句………58

        1-2-2. 「名詞＋名詞」と「形容詞＋名詞」………60

    1-3. 構造のあいまい性………62

2. 数量詞によるあいまい性………64

3. 前置詞句によるあいまい性………70

4. 被影響名詞句のあいまい性………73

5. 名詞句のあいまい性………78

    5-1. 不定名詞句のあいまい性………78

    5-2. 裸の複数名詞句のあいまい性………80

6. 完了形のあいまい性………83

7. 副詞句のあいまい性………86

    7-1. almost＋達成動詞句のあいまい性………86

       7-2. 時間の副詞句のあいまい性………88
       7-3. 副詞のかかり方によるあいまい性………89
       7-4. 否定構文のあいまい性………91
 8. 分配・集合読みのあいまい性………93
 9. 省略によるあいまい性………95
10. 法助動詞のあいまい性………98
11. 慣用表現のあいまい性………99
12. to-不定詞のあいまい性………101

第3章　類似表現と意味 ——————————— 103

 1. 名詞………103
       1-1. 単数名詞と複数名詞………104
       1-2. 普通名詞と物質名詞・抽象名詞………105
 2. 代名詞と再帰代名詞………106
 3. 注意すべき所有格表現………109
 4. 冠詞………111
       4-1. 冠詞の有無による意味の違い………111
       4-2. the＋身体部分を表す語………113
       4-3. 総称用法………115
       4-4. その他………116
 5. 形容詞の限定用法と叙述用法………117
 6. 副詞………119
 7. 動詞………122
       7-1. 「動詞＋前置詞＋目的語」と「動詞＋目的語」………122
       7-2. 似かよった動詞表現の意味の違い………126

7–3. 「動詞＋to-不定詞」と「動詞＋動名詞」の意味的な違い………128
7–4. 直接的関与と間接的関与………130
7–5. 二重目的語構文と与格構文………133
7–6. 単純形と進行形………136
7–7. 現在完了形と過去形………137
7–8. be 受動文と get 受動文………139
7–9. その他………141
8. 法助動詞と準助動詞………143
9. 前置詞………147
　9–1. 場所の前置詞………147
　9–2. その他………150
10. 関係詞構文………152
11. 接続詞構文………155
12. IT 構文, THERE 構文………157
13. 否定構文………161
14. 比較構文………165
15. その他の類似表現………168

参考文献　　　　173

索　引　　　　177

入門講座
英語の意味とニュアンス

第1章

動詞句の分類と意味
——「スル」と「ナル」からのアプローチ——

　中学校・高等学校で学んできた英文法（学校文法）での文の分類といえば，SV, SVC, SVO, SVOO, SVOC の5文型を思い浮かべる人が多いでしょう。この分類は動詞を中心に，その他の要素との関係を形式的にとらえた分類だといえます。しかし，このような形式的な分類だけでは，動詞にとって本来重要な要素である意味が二の次にされてしまいます。そのために，例えば see the picture と look at the picture, treat（治療するの意）Mary と cure Mary, realize the fact と know the fact, hear a strange sound と listen to a strange sound, catch a cold と have a cold, push the cart to the store と push the cart toward the store などについて，それぞれのペアの表現の間にどのような意味の違いがあるかには，あまり注意が払われていないように思われます。

　しかし実際には，上に挙げた各ペアの表現の間には根本的に大きな意味の違いがあります。では，どのような意味の違いがあるかを，まず，**動詞句** look at the picture と see the picture を例にとって見てみましょう。

(1) a.　John looked at the picture carefully.
　　b.　*John saw the picture carefully.
(2) a.　Look at the picture.
　　b.　*See the picture.

(3) a.　John was looking at the picture.
　　b.　*John was seeing the picture.
　　（＊は，文法的に正しくない文であることを示しています。）

(1)に見られるように，動詞句 look at the picture は副詞 carefully で修飾することができますが，動詞句 see the picture はそれができません。また，(2)(3)が示すように，look at the picture は命令形や進行形で使うことができますが，see the picture はできません。

では，treat Mary と cure Mary についてはどうでしょうか。

(4) a.　*John treated Mary in two hours.
　　b.　John treated Mary for two hours.
　　c.　John cured Mary in two hours.
　　d.　*John cured Mary for two hours.

(4a)(4b)が示すように，動詞句 treat Mary は，時間・期間の長さを表す副詞句（以下，**時間の副詞句**と呼ぶことにします）in two hours では修飾することができませんが，時間の副詞句 for two hours でなら修飾することができます。一方，(4c)(4d)に見られるように，動詞句 cure Mary に関しては，動詞句 treat Mary の場合とは逆の事実が認められます。

なぜ，このような相違が見られるのでしょうか。また，何がこのような相違を引き起こすのでしょうか。その主な要因は，両動詞句の根底にある意味（以下，**意味特性**と呼びます）の違いによると考えられます。まず，英語の動詞句には，大きく分けてどのような意味特性があるかを確認し，次にその意味特性に基づいて，(1)～(4)で見た問題・疑問を解決していくことにしましょう。また，冒頭で挙げた各ペア（see the picture と look at the picture，treat Mary と cure Mary）における意味の違いも意味特性に基づいて明らかにし，さらに，意味特性によってどのようなタイプに動詞句が分類されるかを，合わせて見ていくことにしましょう。

1. 動詞句の意味特性「スル」と「ナル」

動詞句が持つ意味特性にはどのようなものがあるのでしょうか。以下に紹介するのは，動詞句の意味特性を調べるための方法です。

《動詞句の意味特性の判定方法》

判定基準[1]
① What S did was to VP. の形にすることが可能か
② carefully や deliberately で修飾可能か
③ persuade や force の後の to- 不定詞として用いることが可能か
④ 命令形にすることが可能か

判定基準[2]
① 時間の副詞句 in X で修飾可能か
② How long did it take S to VP? で完了までの時間を測ることが可能か

[注] Sは主語、VPは動詞句を表し、Xには時間を表す語が入ります。

この節では，まず，この二つの判定基準が何を調べようとしているものなのかを示しながら，動詞句の意味特性として「スル」と「ナル」を導き出していきます。その上で，第2節以降では，この判定基準を用いて様々な動詞句の意味特性を特定し，その結果に基づいて動詞句を分類していくことになります。

1-1.　意味特性「スル」

まず，判定基準[1]①～④がどのようなことを意図したものであるかを示しつつ，これらの判定基準に基づいて，listen to a strange sound と hear a strange sound の意味の違いを考えていきましょう。

> **Question**
> 判定基準[1]①〜④に基づいて，(5a)(5b)の意味の違いを答えなさい。

(5) a.　John listened to a strange sound.
　　b.　John heard a strange sound.

　まず，判定基準[1]①はどのようなことを意図したものかを考えてみましょう。判定基準[1]①の What S did was to VP. は，問題になっている VP（動詞句）が do の意味を持つかどうかを判定するものです。この場合の do の意味は，「ある活動・動作をする」を表しています。したがって，この判定基準をクリアした場合，その動詞句は「ある活動をする」ことを意味すると判定されます。
　では，この判定基準で，(5a)(5b)を判定してみましょう。

(6)　判定基準[1]①
　　a.　What John did was to listen to a strange sound.
　　　　（ジョンがしたことは，奇妙な音に耳を傾けることでした。）
　　b.　*What John did was to hear a strange sound.
　　　　（*ジョンがしたことは，奇妙な音が聞こえてくることでした。）

結果は，listen to a strange sound は判定基準[1]①をクリアし，hear a strange sound はクリアできないということです。すなわち，前者は「活動・動作をする（なす）」の意味を持つと判定されますが，他方，後者はそうではないと判定されます。
　次に，判定基準[1]②について考えてみましょう。活動がどのようになされるかをより詳しく描写する働きをするものに，**様態の副詞(句)**があります。この副詞の代表が carefully と deliberately です。したがって，これらの副詞によって修飾される動詞句は「活動」の意味があり，修飾できな

い動詞句にはその意味はないと判定されます。

　この判定基準で(5a)(5b)の文を判定してみましょう。

(7)　判定基準[1]②
　　a.　John listened to a strange sound deliberately.
　　　　（ジョンは慎重に奇妙な音に耳を傾けた。）
　　b.　*John heard a strange sound deliberately.
　　　　（*ジョンに慎重に奇妙な音が聞こえてきた。）

この判定結果より，動詞句 listen to a strange sound はこの判定基準をクリアするため，「活動をする」の意味があると判定されますが，他方，動詞句 hear a strange sound には「活動をする」の意味はないと判定されます。

　続いて判定基準[1]③です。この判定基準が意図することは，他人から強制されてできる行為か否かということです。他人に強制したり，他人から強制されたりする行為は，何らかの「活動」です。したがって，force の後に続く to-不定詞には，「活動」を意味する動詞句が来ることになります。

　この判定基準で(5a)(5b)の文を判定してみましょう。

(8)　判定基準[1]③
　　a.　Mr. Smith forced John to listen to a strange sound.
　　　　（スミスさんはジョンに奇妙な音に耳を傾けさせた。）
　　b.　*Mr. Smith forced John to hear a strange sound.
　　　　（*スミスさんはジョンに奇妙な音を聞こえさせた。）

結果は，listen to a strange sound は判定基準をクリアし，hear a strange sound はクリアできません。したがって，listen to a strange sound には「活動をする」の意味があり，hear a strange sound には「活動をする」の意味がないと判定されます。

　最後に，判定基準[1]④です。

(9) 判定基準[1]④
    a. Listen to a strange sound.
       （奇妙な音に耳を傾けなさい。）
    b. *Hear a strange sound.
       （*奇妙な音を聞こえなさい。）

命令形にすることができるかどうかという判定基準[1]④は，判定基準[1]③と意図することは重複します。つまり，他者から命令されてすることは「活動」だということです。したがって，命令文として成立する場合は「活動をする」の意味があり，成立しない場合は「活動をする」の意味はないと判定されます。

以上述べてきた判定基準[1]①～④に共通することは，文・動詞句が，「何らかの活動をする」という意味を表すか否かを調べるためのものであるということです。

> 文・動詞句が，「何らかの活動をする（なす）」の意味を表す場合，その文・動詞句は「スル」の意味特性を持つという。

したがって，判定基準[1]①～④は，動詞句が「スル」の意味特性を持つかどうかを判定する道具となります。なお，動詞句が判定基準[1]①～④のいずれか一つをクリアすれば，その動詞句は意味特性「スル」を持つということができます。

以上の考察の結果，(5a)(5b)には，次のような意味の違いがあるといえます。

(5a)   listen to a strange sound : 「スル」の意味特性を持つ動詞句
(5b)   hear a strange sound   : 「スル」の意味特性を持たない動詞句

1-2. 意味特性「ナル」

次に，判定基準[2]①②について見てみましょう。

Question

判定基準[1][2]に基づいて，(10a)(10b)の意味の違いを答えなさい。

(10) a. John pushed the cart toward the store.
b. John pushed the cart to the store.

まず，判定基準[1]①②でこれらの文が，「スル」の意味特性を持つかどうかを判定してみましょう。

(11) 判定基準[1]①
a. What John did was to push the cart toward the store.
b. What John did was to push the cart to the store.
(12) 判定基準[1]②
a. John pushed the cart toward the store carefully.
b. John pushed the cart to the store carefully.

(11)(12)のように，(10a)(10b)の文は判定基準[1]①②をクリアするため，両者は意味特性「スル」を持つといえます。では，判定基準[2]についてはどうでしょうか。

(13) 判定基準[2]①
a. *John pushed the cart toward the store in five minutes.
b. John pushed the cart to the store in five minutes.
(14) 判定基準[2]②
a. *How long did it take John to push the cart toward the store?
b. How long did it take John to push the cart to the store?

このような違いが生じるのは，どのような理由によるのでしょうか。この違いの原因は，次のように考えられます。push the cart to the store には**最終到達点**である店までカートを押して行くという完了・完結の意味があり，push the cart toward the store にはそのような完了の意味はありま

せん。すなわち，push the cart to the store はカートが店に着くことを意味しますが，push the cart toward the store が意味することは，店の方向へカートを押すということだけで，店に到達することを意味しているわけではないのです。(10a)と(10b)の意味の差は，to the store が最終到達点に達することを意味し，toward the store は方向を示すのみで最終到達点にたどり着くことを意味していない点にあります。(10b)のように，最終到達点を含む文は，そこに達したことを意味し，一つの出来事が完了・完結することを意味します。他方，(10a)の文は，その最終到達点の方向へカートを押すことを意味していますが，その点に達することを意味していません。

(10a) push the cart toward the store：
店の方向に向けた活動を表す動詞句
(10b) push the cart to the store：
店という最終到達点に達し，一つの出来事が完了することを意味する動詞句

判定基準[2]の意図を考えてみましょう。判定基準[2]①の in X という時間の副詞句は，X 時間内で一つの出来事が完了することを意味します。また，[2]②の How long did it take S to VP? は一つの出来事が完了するまでに要する時間を測る表現です。したがって，ある出来事の完了を意味する動詞句・文は判定基準[2]①②をクリアすることになるのです。

ここで，最終到達点とはどのようなことを意味しているかを，少し詳しく見てみましょう。言語学的にいうと最終到達点は，次のように定義されます。

最終到達点は，到達以前と到達以後で決定的な状態変化が起こる点である。

以下で，最終到達点が具体的にどのような状態および時点を示すかを考えてみましょう。

> **Question**
> (15a)〜(15d)で表される最終到達点は，具体的にはどのような状態かを答えなさい。

(15) a. John built a house.
b. John ate an apple.
c. John walked across the street.
d. John ran into the house.

　最終到達点とは，先ほど定義づけたように，到達前後で決定的な状態変化を示す点です。例えば，(15d)の場合について考えると，「ジョンが家の外にいる状態」から「家の中にいる状態」への変化を示すその境界が最終到達点ということになります。したがって，(15)の各文が表す最終到達点は，次のような時点と考えられます。

(15a) 　build a house 　　　　： 　一軒の家が出来上がる瞬間
(15b) 　eat an apple 　　　　　： 　リンゴが完全に食べられそのリンゴが無くなる瞬間
(15c) 　walk across the street 　： 　通りを横切り，通りの反対側に着く瞬間
(15d) 　run into the house 　　： 　家の中に入る瞬間

　このように，最終到達点はその時点を境に大きな変化が生じる点です。(15)の各文は，最終到達点以後で示される状態に変化することを意味し，一つの出来事が完了・完結することを表しているのです。

> 　文・動詞句が完了・完結の意味を表すとは，最終到達点で決定的な状態変化が起こり，それ以前とそれ以後とで違う状態になることを意味する。このような性質を持つ文・動詞句を，「ナル」の意味特性を持つという。

　したがって，「ナル」の意味特性を持つ動詞句・文は判定基準[2]①②をクリアすることになります。なお，判定基準[2]の①もしくは②を，どち

らか一つクリアすれば意味特性「ナル」を持つことになります。

練習課題

① 次の各文が判定基準[1]をクリアするかどうかを答えなさい。
  (1) John saw a star in the black sky.
  (2) John swam in the river.
  (3) John painted the wall.
② 次の各文が判定基準[2]をクリアするかどうかを答えなさい。
  (1) John studied English.
  (2) John arrived at the station.
  (3) John swam across the river.
③ 次の各文の動詞句が「スル」型か「ナル」型かを答えなさい。
  (1) John ran into the park.
  (2) John knows the fact.
  (3) John reached the park.
④ 次の各文における最終到達点は，どのような状態かを答えなさい。
  (1) John ran into the cave.
  (2) John baked a cake.
  (3) John arrived at the station.
  (4) John painted his house white.

2. 意味特性「スル」「ナル」と動詞句の分類

　この節では，判定基準[1][2]で判定される意味特性「スル」と「ナル」に基づいて，動詞句がどのように分類されるかを見ていきます。

2-1. 状態動詞句と非状態動詞句

　次の(16a)～(16d)には，どのような意味特性が含まれているかを考えてみましょう。最初に，「スル」型判定基準[1]に基づいて，各文が意味特

性「スル」を持つかどうかを調べてみましょう。

Question

(16a)〜(16d)が判定基準[1]①〜④をクリアするかどうかを答えなさい。

(16) a. John ran.
  b. John arrived at the station.
  c. John built a house.
  d. John knew the answer.

判定基準[1]①〜④に基づいて(16a)〜(16d)を判定すると，次のようになります。

(17) 判定基準[1]①
  a. What John did was to run.
  b. *What John did was to arrive at the station.
  c. What John did was to build a house.
  d. *What John did was to know the answer.

(18) 判定基準[1]②
  a. John ran carefully.
  b. *John arrived at the station carefully.
  c. John built a house carefully.
  d. *John knew the answer carefully.

(19) 判定基準[1]③
  a. Mary persuaded John to run.
  b. *Mary persuaded John to arrive at the station.
  c. Mary persuaded John to build a house.
  d. *Mary persuaded John to know the answer.

(20) 判定基準[1]④
  a. Run.

b. *Arrive at the station.
c. Build a house.
d. *Know the answer.

このように，(16a)と(16c)は判定基準[1]をクリアし，(16b)と(16d)はクリアしません。したがって，(16a)(16c)には「スル」の意味特性があり，(16b)(16d)には「スル」の意味特性がないことが分かります。

次に，「ナル」型判定基準[2]によって，(16a)～(16d)の各文が，「ナル」の意味特性を持つかどうかを調べてみましょう。

Question

(16a)～(16d)が「ナル」型判定基準[2]①②をクリアするかどうかを答えなさい。

(16) a. John ran.
 b. John arrived at the station.
 c. John built a house.
 d. John knew the answer.

(16a)～(16d)を判定基準[2]①②で判定すると，次のようになります。

(21) 判定基準[2]①

a. *John ran in two hours. (*ジョンは2時間で走った。)
［注］この文は「2時間後に走った」の意味では文法的な文です。また，John ran ten miles in two hours. のように距離(ten miles)が明示されている文は文法的な文です。
b. John arrived at the station in two minutes.
（ジョンは2分で駅に着いた。）
c. John built a house in three months.
（ジョンは3ヶ月で一軒の家を建てた。）
d. *John knew the answer in three months.
(*ジョンは3ヶ月でその答えを知っていた。)

(22) 判定基準［2］②
　　a. *How long did it take John to run?
　　b. 　How long did it take John to arrive at the station?
　　c. 　How long did it take John to build a house?
　　d. *How long did it take John to know the answer?

　このように，(16b) John arrived at the station. と(16c) John built a house. は，判定基準［2］をクリアするため，ある状態から別の状態への変化を意味する「ナル」の意味特性を持つ文であると判定されます。
　一方，(16a) John ran. と(16d) John knew the answer. は判定基準［2］をクリアできないため，「ナル」の意味特性を持たない文と判定されます。したがって，(16a)(16d)の両文は，状態変化を表す文ではありません。
　以上で見てきた「スル」と「ナル」の意味特性に基づいて，(16a)～(16d)を分類すると，次のようになります。

(23) a.　John ran.　　　　　　　　　：　意味特性「スル」あり（「＋スル」）
　　　　　　　　　　　　　　　　　　　　意味特性「ナル」なし（「－ナル」）
　　 b.　John arrived at the station. ：　意味特性「スル」なし（「－スル」）
　　　　　　　　　　　　　　　　　　　　意味特性「ナル」あり（「＋ナル」）
　　 c.　John built a house.　　　　 ：　意味特性「スル」あり（「＋スル」）
　　　　　　　　　　　　　　　　　　　　意味特性「ナル」あり（「＋ナル」）
　　 d.　John knew the answer.　 　 ：　意味特性「スル」なし（「－スル」）
　　　　　　　　　　　　　　　　　　　　意味特性「ナル」なし（「－ナル」）

（以下では，「スル」の意味特性がある場合，「＋スル」と表し，「スル」の意味特性がない場合は「－スル」と表します。「ナル」についても同様です。）

　「スル」と「ナル」の意味特性に基づいて動詞句を分類すると，「スル」と「ナル」のいずれの意味特性も持たない動詞句と，「スル」と「ナル」の意味特性を少なくとも一つ持つ動詞句に分けられます。前者は**状態動詞句**(Stative

VPs)と呼ばれ，後者は**非状態動詞句**(Non-Stative VPs)と呼ばれます。

  (i) 「スル」と「ナル」の意味特性をどちらも持たない動詞句
     =「－スル」AND「－ナル」
     =状態動詞句：　know the answer, be tall
  (ii) 「スル」もしくは「ナル」の意味特性を少なくとも一つ持つ動詞句
     =「＋スル」OR「＋ナル」，「＋スル」AND「＋ナル」
     =非状態動詞句：　run, arrive at the station, build a house

なお，状態動詞句(know the answer, be tall)で用いられる動詞(know, be など)を**状態動詞**(Stative Verbs)と呼びます。

2-2.　非状態動詞句の下位区分──活動動詞句と出来事動詞句

　非状態動詞句とは，2-1.で見たように，「ナル」もしくは「スル」の意味特性を少なくとも一つ持つ動詞句です。この非状態動詞句について，以下でもう少し詳しく見ていきます。まず，「ナル」の意味特性の観点より非状態動詞句の下位区分を考えてみます。

　最初に，「ナル」の意味と時間の長さとは，どのような関係にあるかを，次の文で考えてみましょう。

  (24) John built a house.

この文が表す最終到達点（決定的状態変化を表す点）は，家が完成した時点です。そして，その時点への到達（すなわち，家の完成）は，一定の時間内で成立します。つまり，一軒の家は，ある一定の長さの時間で完成することができます。このように，「ナル」の意味を持つ文・動詞句は，一定の長さの時間内で成立する出来事を意味します。したがって，「ナル」の意味と時間の長さの関係は，次のようにまとめることができます。

  意味特性「ナル」と時間の関係：
  意味特性「ナル」は，決定的な状態変化をもたらす最終到達点に一定の長さ

の時間で達することを意味する。

Question

最終到達点を持つかどうかを考えつつ，(25a)～(25d)の意味特性の違いを答えなさい。

(25) a. John ran.
b. John pushed a car.
c. John built a house.
d. Flight 17 arrived at Gate 21.

(25a)～(25d)の各文を判定基準[2]①に基づいて判定すると，次のようになります。

(26) 判定基準[2]①

a. *John ran in two hours.
b. *John pushed a car in two hours.
c. John built a house in three months.
d. Flight 17 arrived at Gate 21 in two minutes.

時間の副詞句 in X は，一つの決定的な状態変化をもたらす最終到達点に一定の時間 X 内に到達・完結することを意味する副詞句です。言い換えれば，この副詞句に修飾される文（すなわち，判定基準[2]①をクリアする文）は，ある一定時間 X 内で最終到達点に達し，決定的な状態に「ナル」ことを意味します。このような文は，一つの出来事が完結する（ある決定的な状態変化が起こる）ことを表しているために，**出来事動詞句**（Event VPs）と呼ばれます。

「ナル」の意味特性を持つ動詞句 ＝ 出来事動詞句

では，「ナル」の意味特性を持たないことが分かった(25a)(25b)の文に

ついてですが、これらの文は「スル」の意味特性に関してはどうでしょうか。

> **Question**
> (25a)(25b)に活動の意味があるかどうかを答えなさい。
>
> (25) a. John ran.
>   b. John pushed a car.

(25a)(25b)の文を判定基準[1]①②④で判定すると、次のようになります。

(27) 判定基準[1]①
   a. What John did was to run.
   b. What John did was to push a car.

(28) 判定基準[1]②
   a. John ran carefully.
   b. John pushed a car carefully.

(29) 判定基準[1]④
   a. Run.
   b. Push a car.

以上により、(25a)(25b)の文は「ナル」の意味特性を持たず、「スル」の意味特性だけを持つ文と判定されます。このように、「ナル」の意味特性はなく、「スル」の意味特性のみ持つ動詞句を、**活動動詞句**(Activity VPs)と呼びます。この活動動詞句は、継続する活動・動作を表します。なお、活動動詞句で用いられる動詞(run, push など)を**活動動詞**(Activity Verbs)と呼びます。

このように、非状態動詞句は「ナル」の意味特性の有無によって、二つに下位区分されます。ここで注意してほしいことは、非状態動詞句は「ナル」もしくは「スル」の意味特性を少なくとも一つ持つ動詞句であることです。

したがって，「ナル」の意味特性を持たない非状態動詞句は，必ず「スル」の意味特性を持ちます。

　　非状態動詞句の下位区分：
　　（ⅰ）　活動動詞句：　「ナル」の意味なし（「－ナル」）
　　　　最終到達点の意味はなく，不定の時間帯での活動・動作を表す。
　　（ⅱ）　出来事動詞句：　「ナル」の意味あり（「＋ナル」）
　　　　最終到達点の意味を持ち，その到達点に一定の長さの時間で到達することを意味する。

　では，このように定義した活動動詞句（「－ナル」型）と出来事動詞句（「＋ナル」型）について，以下でより詳しく見てみましょう。

　学校文法では，John ran. と The ship sank. のような文は同じ SV 型の文と分類され，動詞は自動詞と分類されます。しかし，それぞれの自動詞は，意味特性「スル」「ナル」の観点から考えると，大きな違いがあることが分かります。

Question

状態変化との関係に基づいて，(30a)(30b)の意味特性の違いを答えなさい。

(30) a.　John ran.
　　 b.　The ship sank.

(30a)と(30b)の文にどのような意味特性の違いがあるかを，見てみることにしましょう。

(31)　判定基準[2]①
　　 a.　*John ran in two hours.
　　 b.　The ship sank in two hours.

(30b)の文は，判定基準[2]①をクリアするため，状態変化を表す「ナル」

の意味特性を持つ動詞句と判定されます。他方，(30a)の文は，判定基準[2]①をクリアできないため，状態変化を表すのではなく，ただ活動を表す文です。

(30b)の文のように「ナル」の意味特性を持つ自動詞句を「＋ナル」型自動詞句と呼ぶことにします。この場合，「ナル」の変化を被る対象物は，主語として表される 船(the ship) です。そして，この船の状態変化は，沈んでいない状態から，沈んだ状態への（一定時間内で成立する）変化で表されます。

この状態変化を抽象的に表せば，「Aでない状態」から，「Aである状態」への変化ということができます。ここで，「Aでない状態」を(NOT-A)，「Aの状態」を(A)，「ナル」の意味を表す動詞をBECOMEと表すとすると，この状態変化は次のように表記されます。

  「ナル」の状態変化： (NOT-A) ― BECOME ― (A)
         Aでない状態 ナル Aである状態

「ナル」型の動詞句は，上記のように表される変化を意味構造として持つと考えられます。この構造を次のように表します。

  「ナル」型の意味構造： BECOME(A)

BECOME(A)の表記について少し説明しておきます。BECOMEは，Aでない状態(NOT-A)からAの状態(A)への変化を表す（すなわち，「ナル」の意味特性を持つことを表す）抽象的な動詞と考えます。BECOME(A)という表記は，Aの状態に「ナル」（変化する）ことを表します。

他方，(30a) John ran. は判定基準[2]①をクリアできません。したがって，この動詞句には意味特性「ナル」は含まれません（「－ナル」）。

以上で見たように，非状態自動詞句は，「ナル」の意味特性を持たない「－ナル」型自動詞句，すなわち，活動動詞句と，「ナル」の意味特性を持つ「＋ナル」型自動詞句，すなわち，出来事動詞句の二つに分類されます。

次に，出来事動詞句の下位区分を見てみましょう。

2-3. 出来事動詞句の下位区分——到達動詞句と達成動詞句

これまで非状態動詞句を「ナル」の観点より，出来事動詞句（「＋ナル」型）と活動動詞句（「－ナル」型）に分類できることを見てきました。

ここでは，「＋ナル」型である出来事動詞句を，「スル」の意味特性の有無によって，下位区分することができることを見てみることにしましょう。

次の(32a)と(32b)にはどのような相違点および類似点があるかを，「スル」と「ナル」の意味特性の観点より調べてみましょう。

Question

(32a)(32b)の意味特性の違いを答えなさい。

(32) a. John arrived at the station.
　　 b. John built a house.

(32a)(32b)を判定基準[1]①②③と[2]①に基づいて判定すると，次のようになります。

(33) 判定基準[1]①
　　 a. *What John did was to arrive at the station.
　　 b. What John did was to build a house.
(34) 判定基準[1]②
　　 a. *John arrived at the station carefully.
　　 b. John built a house carefully.
(35) 判定基準[1]③
　　 a. *Smith forced John to arrive at the station.
　　 b. Smith forced John to build a house.
(36) 判定基準[2]①
　　 a. John arrived at the station in ten minutes.
　　 b. John built a house in ten months.

以上のように，arrive at the station と build a house の両動詞句は，「ナ

ル」型判定基準[2]①(時間の副詞 in ten minutes や in ten months による修飾が可能)をクリアすることにより,いずれも「ナル」の意味特性があることが分かります。しかし,arrive at the station は「スル」型判定基準をクリアできないため,「－スル」型動詞句であることが分かります。このような「－スル」「＋ナル」型動詞句を**到達動詞句**(Achievement VPs)と呼びます。一方,build a house は判定基準[1]をクリアするため,「＋スル」型動詞句と判定されます。すなわち,動詞句 build a house は「ナル」と「スル」の両方の意味特性を持ちます。このように両方の意味特性を持つ動詞句の意味特性を「＋スル」「＋ナル」と表記し,このような動詞句を**達成動詞句**(Accomplishment VPs)と呼びます。以上により,出来事動詞句は,意味特性「スル」を含むか否かによって,次のように下位分類できることになります。

　　出来事動詞句の下位区分:
　　(i)「＋ナル」「－スル」 ＝ 到達動詞句:　arrive at the station, turn fifty
　　　　状態変化(「ナル」)を表す。
　　(ii)「＋スル」「＋ナル」 ＝ 達成動詞句:　build a house, paint a picture
　　　　ある活動(「スル」)により,ある状態変化(「ナル」)が生じることを表す。

　これまで解説してきた動詞句の分類を一覧表にまとめると,次のようになります。

	状態動詞句	非状態動詞句		
		活動動詞句	出来事動詞句	
			到達動詞句	達成動詞句
意味特性「スル」の有無	無	有	無	有
意味特性「ナル」の有無	無	無	有	有

　意味特性「スル」「ナル」に基づいて整理すると,次のようになります。

	「−スル」	「＋スル」
「−ナル」	状態動詞句	活動動詞句
「＋ナル」	到達動詞句	達成動詞句

2-4. 意味特性と前置詞句

　活動動詞はいろいろな**前置詞句**（Prepositional Phrases）と結び付きますが，結び付く前置詞句によって，「＋ナル」の意味特性を持つ動詞句になったり，「−ナル」の意味特性を持つ動詞句になったりします。例えば，活動動詞 run を取り上げ，動詞句 run across the street と run along the street の二つの意味特性の違いについて考えてみましょう。

Question

(37a)(37b)の意味特性の違いを答えなさい。

(37) a.　John ran along the street.

　　　b.　John ran across the street.

　(37a)(37b)の各文を判定基準[1]①②と[2]①で判定すると，次のようになります。

(38)　判定基準[1]①

　　a.　What John did was to run along the street.

　　b.　What John did was to run across the street.

(39)　判定基準[1]②

　　a.　John ran along the street carefully.

　　b.　John ran across the street carefully.

(40)　判定基準[2]①

　　a.　*John ran along the street in two minutes.

　　　（*2分で通りに沿って走った。）

b. John ran across the street in two minutes.
(2分で通りを走って横切った。)

　動詞句 run along the street と run across the street は，動詞 run と前置詞句から成る自動詞句です。両動詞句は判定基準 [1] ①②クリアしますが，判定基準 [2]（時間の副詞句 in X による修飾可能性）では異なります。run across the street は「スル」「ナル」の意味特性がある達成動詞句です。一方，run along the street は「スル」の意味はありますが，「ナル」の意味を持たない活動動詞句です。

　このように，同じ動詞が使われているにもかかわらず，結び付く前置詞句次第で，異なる意味特性を持つ動詞句になる場合があります。以下で，動詞は同じでも結び付く前置詞句によって意味特性が異なる例を，他にも見てみましょう。

　次の(41a)～(41c)にはどのような相違点および，類似点があるかを「スル」「ナル」の観点から調べてみましょう。

Question

(41a)～(41c)は同じ動詞を用いた文である。それぞれの意味特性の違いを答えなさい。

(41) a. John ran.
　　 b. John ran toward the station.
　　 c. John ran to the station.

最初に判定基準 [1]①②と[2]①で(41a)～(41c)の各文を判定してみましょう。

(42)　判定基準 [1]①
　　 a. What John did was to run.
　　 b. What John did was to run toward the station.
　　 c. What John did was to run to the station.

(43) 判定基準[1]②

    a. John ran carefully.

    b. John ran toward the station carefully.

    c. John ran to the station carefully.

(44) 判定基準[2]①

    a. *John ran in ten minutes.

    b. *John ran toward the station in ten minutes.

    c. John ran to the station in ten minutes.

　動詞句 run, run toward the station, run to the station は,「スル」型判定基準[1]をクリアすることにより,「スル」の意味特性を持つことが分かります。しかし, run と run toward the station は, 判定基準[2]をクリアすることができません。したがって, (41a)(41b)は「＋スル」型の活動動詞句と分類され, (41c)の動詞句は「＋スル」「＋ナル」型である達成動詞句と分類されます。

    (i) run, run toward the station ：　活動動詞句(「＋スル」「－ナル」)
    (ii) run to the station   ：　達成動詞句(「＋スル」「＋ナル」)

Question

同一の動詞 run から形成される二つの動詞句 run toward the station と run to the station が, なぜ意味特性の点で異なるのかを答えなさい。

　これらの二つの動詞句が, 意味特性において異なるのは, 次のような理由によると考えられます。前置詞句 to the station における the station は, 最終到達点を表します。そのために, その前置詞句は「ナル」の意味を持つ前置詞句と考えらます。そして, その前置詞句が「＋スル」型の活動動詞 run と結び付いた時,「スル」と「ナル」の両方の意味特性を合わせ持った「＋スル」「＋ナル」型の達成動詞句になります。

他方，前置詞句 toward the station における the station は，最終到達点ではなく，方向を表します。そのために，toward the station は「ナル」の意味を持ちません。したがって，toward the station が「＋スル」型動詞 run と結び付いても，「＋スル」「＋ナル」型の動詞句にはならないというわけです。

次に，前置詞句 along the street と across the street の違いを，最終到達点（「ナル」の意味特性）の観点から調べてみましょう。

Question

(45a)(45b)を判定基準[1]①②と[2]①で判定し，最終到達点を表す意味があるかどうかを答えなさい。

(45) a.　John ran along the street.
　　 b.　John ran across the street.

(45a)(45b)を判定基準[1]①②と[2]①で判定すると，次のような結果となります。

(46)　判定基準[1]①
　　a.　What John did was to run along the street.
　　b.　What John did was to run across the street.
(47)　判定基準[1]②
　　a.　John ran along the street carefully.
　　b.　John ran across the street carefully.
(48)　判定基準[2]①
　　a.　*John ran along the street in two minutes.
　　b.　John ran across the street in two minutes.

動詞句 run along the street も run across the street も，自動詞 run と前置詞句から構成される自動詞句です。(46)(47)のように，これらの動詞句は「スル」型判定基準[1]①②をクリアします。しかし，(48)のように「ナ

ル」型判定基準[2]①では両者は異なります。すなわち，run along the street は「＋スル」型の活動動詞句であり，run across the street は「＋スル」「＋ナル」型の達成動詞句です。このように，同じ動詞でも，結び付く前置詞句によって，「ナル」の意味を持つ動詞句になる場合と，そうでない場合があります。この2種類の前置詞句の違いは，最終到達点を表す意味を持つかどうかの違いです。すなわち，最終到達点を意味する前置詞句には，「ナル」の意味があり，そうでない前置詞句には，「ナル」の意味がありません。

（i）「ナル」の意味を持つ前置詞句（最終到達点を意味する前置詞句）：

to the station, across the street, into the hall

（ii）「ナル」の意味を持たない前置詞句：

toward the station, along the street, in the hall

Question

「スル」と「ナル」の意味特性の観点より，(49a)(49b)の意味特性の違いを答えなさい。

(49) a. John walked into the house.
　　 b. John walked in the house.

判定基準[1]①②と[2]①で判定してみましょう。

(50)　判定基準[1]①

　　a. What John did was to walk into the house.

　　b. What John did was to walk in the house.

(51)　判定基準[1]②

　　a. John walked into the house carefully.

　　b. John walked in the house carefully.

(52)　判定基準[2]①

a. John walked into the house in two minutes.
  b. John walked in the house in two minutes.

動詞句 walk into the house は「スル」型および「ナル」型判定基準をクリアするため，「＋スル」「＋ナル」型の達成動詞と判定されます。すなわち，into the house の前置詞句には「ナル」の意味特性があると考えられます。

  into the house： 「ナル」(家の中に入る)の意味を持つ

他方，動詞句 walk in the house は「スル」型判定基準をクリアしますが，「ナル」型判定基準においては，解釈次第でクリアする場合としない場合があります (ある解釈を持つ場合はクリアし，別の解釈を持つ場合ではクリアできません)。すなわち，動詞句 walk in the house には意味的にあいまい性があるといえます (「あいまい性」については，第2章参照)。ここでは，前置詞句 in the house が二通りに解釈することができると考えます。この前置詞は，the house が最終到達点を意味する場合の解釈 (すなわち，「ナル」の意味を持つ解釈) と，そうでない解釈の二通りがあると考えられます。

  in the house には，
  (i) 「ナル」の意味を持つ「家の中に入る」という解釈と，
  (ii) 「ナル」の意味を持たない，単に場所を表す「家の中で」という解釈がある。

動詞句 walk in the house の in the house が「ナル」の意味を持つと解釈される場合とそうでない場合との違いは，次のように日本語に訳すとはっきりと示されます。

(53) a. John walked in the house in two minutes.
    ⇒ ジョンは2分で家の中へ歩いて入った。(「＋スル」「＋ナル」型)
  b. John walked in the house for two minutes.
    ⇒ ジョンは2分間家の中で歩いた。(「＋スル」型)

動詞句 walk in the house が「ナル」の意味を持つ場合，日本語に訳すと，「歩く」と「入る」の複合動詞句で表されます。この場合の「ナル」の意味は，「中に入る」で表されます。一方，「ナル」の意味を持たない場合，「歩く」のみで訳されます。このように，一つの前置詞句が，「ナル」の意味を持つ場合と，そうでない場合があるのです。

2-5. 意味特性と目的語

次に，同じ動詞が目的語として**不可算名詞**（例えば popcorn）と結び付いた場合と，**可算名詞**（例えば a bag of popcorn）との結び付いた場合の意味の違いを，(54a)(54b)を例にとって見てみましょう。

Question

(54a)(54b)の意味特性の違いを答えなさい。

(54) a. John ate popcorn.
  b. John ate a bag of popcorn.

判定基準[1]①②と[2]①で判定すると，次のような結果になります。

(55) 判定基準[1]①
  a. What John did was to eat popcorn.
  b. What John did was to eat a bag of popcorn.

(56) 判定基準[1]②
  a. John ate popcorn carefully.
  b. John ate a bag of popcorn carefully.

(57) 判定基準[2]①
  a. *John ate popcorn in ten minutes.
   (*ジョンはポップコーンを<u>10分で</u>食べた。)
  b. John ate a bag of popcorn in ten minutes.
   (ジョンは一袋のポップコーンを<u>10分で</u>食べた。)

(55)〜(57)により，(54a)は「＋スル」型の活動動詞句の文であり，(54b)は「＋スル」「＋ナル」型の達成動詞句の文であることが判明します。

次に，なぜこのような違いが生じるかを，popcorn と a bag of popcorn の違いとの関係で考えてみましょう。a bag of popcorn と popcorn には分量の観点から，次のような違いがみられます。a bag of popcorn は制限された量のポップコーン（すなわち，一袋のポップコーン）を表し，他方，popcorn は量の制限のないポップコーンを表しています。この制限された量が「ナル」の意味と深く関係します。「ナル」の意味は，一定の長さの時間内に一つの出来事が完了することを意味します（2-2. 参照）。一つの出来事が一定の長さの時間内で完了するためには，食べる対象物の量が制限されていなければなりません。したがって，食べる対象物の量が制限されている場合，一定の長さの時間で完了する出来事が表されます。

他方，量的に制限されていない表現 popcorn と結びついた eat popcorn は，完了の意味を持ちません。すなわち，eat popcorn は，「ナル」の意味のない「＋スル」型である活動動詞句と分類されます。

(i)　eat popcorn　　：　活動動詞句(「＋スル」)
(ii)　eat a bag of popcorn：　達成動詞句(「＋スル」「＋ナル」)

練習課題

① 次の各文の意味の違いを答えなさい。
(1) John pushed the cart.
(2) John pushed the cart to the store.
(3) John pushed the cart toward the store.
(4) John pushed the cart along the street.
(5) John pushed the cart across the street.

② 次の各文の意味の違いを答えなさい。
(1) John built two houses.
(2) John built houses.

③ 次の(1)(2)には意味特性「ナル」の有無により，二通りの解釈が可能です。その二つの解釈を日本語で答えなさい。
  (1) The ship floated under the bridge.
  (2) John flew the kite behind the museum.

3. 動詞句分類の実際

　ここまでは，動詞句の意味特性「スル」と「ナル」の判定方法，それに基づいて動詞句がどのように分類できるかを見てきました。前置詞句や目的語の性質によって意味特性が変わってくることも，考察しました。
　以下では，第1章冒頭で挙げた，see と look at，treat（治療する意）と cure のような，微妙な意味の違いを持つ様々な動詞句を実際に取り上げ，ここまで学習してきた内容を活用して，その意味の差異を探究していきましょう。

3-1.　study と know

　study how to handle the machine と know how to handle the machine という二つの動詞句にはどのような意味の違いがあるかを，考えてみましょう。

Question

意味特性「スル」「ナル」の観点より，(58a)(58b)の意味の違いを答えなさい。

(58) a.　John studied how to handle the machine.
　　 b.　John knew how to handle the machine.

(58a)(58b)を判定基準[1]①と[2]①で判定すると，次のようになります。

(59)　判定基準[1]①
　　a.　What John did was to study how to handle the machine.

b. *What John did was to know how to handle the machine.
(60)　判定基準[2]①
  a. *John studied how to handle the machine in two years.
  b. *John knew how to handle the machine in two years.

　(59)(60)により，動詞句 know how to handle the machine には「スル」の意味特性も「ナル」の意味特性もないことが分かります。すなわち，この動詞句は状態動詞句です。
　一方，動詞句 study how to handle the machine は，「スル」の意味特性を持つものの，「ナル」の意味特性を持ちません。すなわち，study how to handle the machine は活動動詞句であることが分かります。以上のことから，study と know の違いは，次のようにまとめられます。

  know：　知識の保持を表し，ある知識が以前から頭の中にあることを示す状態動詞（「−スル」「−ナル」）
  study：　知識を獲得することを表す活動動詞（「＋スル」「−ナル」）

　活動動詞 study と状態動詞 know の二つの動詞の関係を，考えてみましょう。ここで，「スル」の意味特性を持つ動詞を DO で表すことにします。この DO は，「ある状態」を「それに対応する活動」に変える働きをする抽象的な動詞と考えます。この動詞 DO を使うと，know と study の二つの動詞の関係は，次のように表記することができます。

  study ⇒ DO(know)　（活動動詞）
  (DO(know)は，知るという活動を行うことを表す。)

　動詞 study は単に活動のみを意味し，その活動の目標に到達しているところまでは意味しません。そのため，(61)のように表現することができます。

  (61)　John has studied how to handle the machine for ten years, but can't handle it at all.

他方，動詞 know はある知識が頭にすでにある状態を意味し，目標に達していることを意味します。そのため，(62)のようには言えません。

(62) *John knows how to handle the machine, but can't handle it at all.

3-2.　see と look at

動詞句 see a dog と look at a dog との間にはどのような意味の違いがあるか，また，両者はお互いにどのような意味関係にあるかを考えてみましょう。

Question

What did John do in the garden? の質問に対する答えとして，(63a)と(63b)のどちらが適当か，答えなさい。

(63) a.　He saw a dog in the garden.
　　 b.　He looked at a dog in the garden.

疑問文 What did John do in the garden? は，ジョンが庭で何をしたかを問うています。すなわち，何を「シタ」(「スル」の過去形)かが問われているので，答えとしては，「スル」の意味特性を持つ動詞句で表される行為が要求されます。その行為は，判定基準[1]をクリアする動詞句です。

(64)　判定基準[1]①
　　 a.　*What John did was to see a dog in the garden.
　　 b.　What John did was to look at a dog in the garden.
(65)　判定基準[1]②
　　 a.　*John saw a dog in the garden carefully.
　　 b.　John looked at a dog in the garden carefully.

以上により，(63b)が疑問文 What did John do in the garden? に対する正しい答えとなります。

この二つの動詞句 see a dog in the garden と look at a dog in the garden

が「ナル」の意味特性を持つかどうかを見てみましょう。(63a)(63b)を判定基準[2]で判定すると，次のようになります。

(66) 判定基準[2]①
    a. *John saw a dog in the garden in two hours.
    b. *John looked at a dog in the garden in two hours.

このように，動詞句 see a dog in the garden には「スル」の意味も，「ナル」の意味もありません。したがって，see a dog in the garden は「庭で犬が自然に見える状態」を表す状態動詞句ということになります。

他方，動詞句 look at a dog in the garden は，「スル」の意味はありますが，「ナル」の意味はありませんので，視線を向ける動作を表す活動動詞句です。

  動詞　see　：　一方的に何かが視界に入っている（自然に目に入る）ことを表す状態動詞（「－スル」「－ナル」）
  動詞　look at：　何かに視線を向ける動作を表す活動動詞句
                （「＋スル」「－ナル」）

これら二つの動詞 see と look は，次のような意味関係にあります。

(67) John looked at the sky but didn't see any stars.
    （空に目を向けたが，一つの星も見えなかった（視界に入ってこなかった）。）

次に，状態動詞 see と活動動詞 look at の意味関係を，「スル」動詞 DO によって，どのように関係づけられるかを考えてみます。y が x を見る活動をなす (y look at x) とは，x を自分の視界に入れる (see x) 行為を y がする (DO) ことを意味します。したがって，活動動詞句 y look at x と状態動詞句 see x の意味関係は次のように表記できます。

    y look at x $\Rightarrow$ y DO(see x)

3-3.　hear と listen to

動詞 hear と動詞句 listen to には、どのような意味の違いがあるかを、「スル」と「ナル」の観点から考えてみましょう。

Question

What did John do in his room? という質問に対する答えとして、(68a) (68b) のどちらが適当か、答えなさい。

(68) a.　He listened to the next room.
　　 b.　He heard the next room.

疑問文 What did John do in his room? で問われていることは、ジョンが何を「シタ」(「スル」の過去形)かです。したがって、答えとしては「スル」の意味特性を持つ動詞句で表される行為が要求されます。その行為は、判定基準 [1] をクリアする動詞句で表される行為です。

(69)　判定基準 [1] ①
　　 a.　What John did was to listen to the next room.
　　 b.　*What John did was to hear the next room.

(70)　判定基準 [1] ②
　　 a.　John listened to the next room carefully.
　　 b.　*John heard the next room carefully.

以上により、What did John do in his room? の答えとして適当なのは、「スル」の意味特性を持つ He listened to the next room. であることが分かります。

次に、二つの動詞句 listen to the next room と hear the next room が、「ナル」の意味特性を持つかどうかを調べてみましょう。

Question

(71a)(71b)が「ナル」の意味特性を持つかどうかを答えなさい。

(71) a. John listened to the next room.
　　 b. John heard the next room.

判定基準[2]①で判定すると，次のようになります。

(72)　判定基準[2]①
　　a. *John listened to the next room in two minutes.
　　b. *John heard the next room in two minutes.

以上により，動詞句 listen to the next room は「＋スル」「－ナル」の意味特性を持つため，活動動詞句と判定され，動詞句 hear the next room は「－スル」「－ナル」の意味特性を持つため，状態動詞句と判定されます。

listen to：　何かに耳を傾ける動作を表す活動動詞句
　　　　　　（「＋スル」「－ナル」）
hear　　：　自然に何かが聞こえてくる状態を表す状態動詞
　　　　　　（「－スル」「－ナル」）

動詞(句) hear と listen to の意味関係は，「スル」動詞 DO によって，次のように関係づけられます。

y listen to x ⇒ y DO (hear x)

したがって，hear と listen to は，次に示されるような意味関係にあります。

(73)　John listened to the next room carefully, but did not hear anything.
　　　（ジョンは隣の部屋に注意深く耳を傾けたが，何も聞こえなかった。）

3-4.　redden(vi.)とbe red

　同じ語源を持つ動詞と形容詞を,「スル」「ナル」の意味特性の観点から考え,両者がどのような意味関係にあるかを見ていきましょう。動詞句 be red と自動詞 redden を例にとって,考えてみましょう。

Question
意味特性「ナル」「スル」の観点より,(74a)(74b)の意味の違いを答えなさい。

(74) a.　The wall is red.
　　 b.　The wall reddened.

　最初に,(74a)と(74b)の文を判定基準[1]②と[2]①で判定してみましょう。

(75)　判定基準[1]②
　　a.　*The wall is red carefully.
　　b.　*The wall reddened carefully.

(76)　判定基準[2]①
　　a.　*The wall is red in two minutes.
　　b.　The wall reddened in two minutes.

(75)(76)により,自動詞(vi.と略します) redden は「＋ナル」型の到達動詞句であり,be red は状態動詞句であることが判明します。ここで,「－スル」「－ナル」の意味特性を持つ be 動詞を BE で表すことにします。したがって,状態動詞句 be red を BE-red と表記します。

　　be red の意味　⇒　BE-red
　　(BE ＝「－スル」「－ナル」の意味特性を表す動詞)

　動詞 redden(vi.)は「ナル」の意味特性を持つ動詞であり,赤でない状態(NOT BE-red)から赤い状態(BE-red)への変化を表します。この

redden で表される変化は，次のように示すことができます。

　　redden(vi.)の表す状態変化：　NOT BE-red ― BECOME ― BE-red

自動詞の redden の意味は，BE-red の状態に「ナル」ことを意味します。そのため，自動詞の redden の意味構造は，「ナル」動詞 BECOME と状態動詞句 BE-red を使って，次のように表記できます。

　　x redden(vi.)の意味構造　：　**BECOME(x BE-red)**

redden(vi)のほかに，形容詞に -en がプラスされて作られる「ナル」の意味特性を持つ自動詞には，次のようなものがあります。(この形の他動詞については，3–9. で説明します。)

（77）　be hard　→　harden
　　　　be sweet　→　sweeten
　　　　be soft　→　soften

3-5.　die と be dead

同じ語源を持つ動詞 die と動詞句 be dead には，どのような意味関係があるかを，「スル」と「ナル」の意味特性に基づいて見てみましょう。

Question

(78a)(78b)の意味の違いを答えなさい。また，両者の意味関係を答えなさい。

（78）a.　John was dead.
　　　b.　John died.

(78a)(78b)を判定基準[1]①③と[2]①で判定すると，次のようになります。

　　（79）　判定基準[1]①

a. *What John did was to be dead.

b. *What John did was to die.

(80) 判定基準[1]③

a. *Mary forced John to be dead.

b. *Mary forced John to die.

(81) 判定基準[2]①

a. *John was dead in three hours.

b. John died in three hours.

(79)～(81)により，動詞 die は「－スル」「＋ナル」の意味特性を持ち，決定的な状態変化を表す動詞であることが分かります．すなわち，「死ぬ」という一つの出来事を意味する**到達動詞**(Achievement Verbs)です．他方，動詞句 be dead は「スル」「ナル」のいずれの意味も持たない「死んでいる」ことを意味する状態動詞句であることが分かります．

 be dead：　状態動詞句（「－スル」「－ナル」）

 die　　　：　到達動詞句（「－スル」「＋ナル」）

動詞 die が表す状態変化は，NOT BE-dead から BE-dead への変化です．この状態変化は，「ナル」動詞 BECOME を使って，次のように示すことができます．

 die の表す状態変化：

  NOT BE-dead ― BECOME ― BE-dead

したがって，到達動詞句 die の意味構造は，次のように表記できます．

 x die の意味構造：　**BECOME(x BE-dead)**

この BECOME(x BE-dead) は，x は死んだ状態(BE-dead)に「ナル」(BECOME)ことを意味します．

3-6.　catch a cold と have a cold

一見すると同じような意味を持つように思われる二つの動詞句 catch a cold と have a cold について見てみましょう。まず，この二つの動詞句にはどのような意味の違いがあるかを，意味特性「スル」と「ナル」の観点から考えてみましょう。

Question

(82a)(82b)の意味の違いを答えなさい。また，両者の意味関係を答えなさい。

(82) a.　John had a cold last week.
　　 b.　John caught a cold last week.

(82a)(82b)を判定基準[1]①②と[2]①で判定すると，次のような結果になります。

(83)　判定基準[1]①
　　 a.　*What John did was to have a cold last week.
　　 b.　*What John did was to catch a cold last week.

(84)　判定基準[1]②
　　 a.　*John had a cold last week deliberately.
　　　　（*ジョンは，先週慎重に風邪をひいていた。）
　　 b.　*John caught a cold last week deliberately.
　　　　（*ジョンは，先週慎重に風邪をひいた。）

(85)　判定基準[2]①
　　 a.　*John had a cold in an hour.
　　 b.　John caught a cold in an hour.
　　　　（一時間して風邪をひいた。）

動詞句 have a cold と catch a cold の両者とも，判定基準[1]をクリアできません（すなわち，「−スル」の意味特性を持つ）。しかし，判定基準

[2]では異なります。動詞句 have a cold は,「スル」「ナル」いずれの意味特性を持たない状態動詞句(「－スル」「－ナル」)で,「風邪をひいている」という状態を表します。他方,動詞句 catch a cold は「ナル」の意味のみを持つ到達動詞句(「－スル」「＋ナル」)で,「風邪をひく」という出来事を表します。

  have a cold ： 　状態動詞句　(「－スル」「－ナル」)
        (風邪をひいている)
  catch a cold ： 　到達動詞句　(「－スル」「＋ナル」)
        (風邪をひく)

到達動詞句 catch a cold は,風邪をひいていない状態(NOT have a cold)から,風邪をひいている状態(have a cold)への変化を表しています。この状態変化は,「ナル」動詞 BECOME を使うと,次のように示すことができます。

  catch a cold の状態変化　：
    NOT have a cold　―　BECOME　―　have a cold

したがって,have a cold と catch a cold の意味関係は,次のような意味構造によって表記できます。

  x catch a cold の意味構造　：　**BECOME(x have a cold)**

「x が風邪をひく(x catch a cold)」とは,意味構造 BECOME(x have a cold)で示されるように,x が風邪をひいた状態(x have a cold)に「ナル」(BECOME)ことを意味しています。

以上により,これらの二つの動詞句の意味は,次のような関係で表されます。

(86) John caught a cold last week and he still has a cold.
   (ジョンは先週風邪を引き,まだ風邪を引いている。)

3-7. realize と know

動詞句 realize the fact と know the fact の間には，どのような意味の違いがあるかを見てみましょう。また，両動詞句の意味関係は，どのように表されるかということも考えてみましょう。

Question
(87a)(87b)の意味の違いを答えなさい。

(87) a. John realized the fact.
　　 b. John knew the fact.

(87a)(87b)を判定基準[1]①②と[2]①で判定すると，次のようになります。

(88)　判定基準[1]①
　　 a. *What John did was to realize the fact.
　　 b. *What John did was to know the fact.
(89)　判定基準[1]②
　　 a. *John realized the fact deliberately.
　　 b. *John knew the fact deliberately.
(90)　判定基準[2]①
　　 a. John realized the fact in a minute.
　　 b. *John knew the fact in a minute.

判定の結果，realize the fact は意味特性「－スル」「＋ナル」を持つため，到達動詞句であると分かります。他方，know the fact は「－スル」「－ナル」の意味特性を持つため，状態動詞句であることが分かります。

　　realize the fact：　到達動詞句（「－スル」「＋ナル」）
　　know the fact　：　状態動詞句（「－スル」「－ナル」）

到達動詞句 realize y の表す変化は，状態動詞 know と「ナル」動詞

BECOME を使うと，次のように示すことができます．

　　realize y の状態変化：　　NOT know y ― BECOME ― know y

したがって，この到達動詞句の意味構造は，次のように表記できます．

　　x realize y の意味構造：　　BECOME (x know y)

3-8.　get drunk と be drunk

　同じ drunk から形成される動詞句 get drunk と be drunk には，どのような意味の違いがあるかを考えてみましょう．

Question

(91a) (91b) の意味の違いを答えなさい．また，両者の意味関係を答えなさい．

(91) a.　John got drunk.
　　 b.　John was drunk.

　(91a) (91b) を判定基準 [1] ①②と [2] ①で判定すると，次のような結果となります．

(92)　判定基準 [1] ①
　　 a.　*What John did was to get drunk.
　　 b.　*What John did was to be drunk.

(93)　判定基準 [1] ②
　　 a.　*John got drunk deliberately.
　　 b.　*John was drunk deliberately.

(94)　判定基準 [2] ①
　　 a.　John got drunk in two hours.
　　 b.　*John was drunk in two hours.

(92)～(94) により，動詞句 be drunk は「－スル」「－ナル」の意味特性を

持つため，状態動詞句であることが分かります。すなわち，動詞句 be drunk は酔った状態（BE-drunk）であることを表しています。

　　be drunk： 　状態動詞句（「−スル」「−ナル」）

他方，動詞句 get drunk は，意味特性「−スル」「＋ナル」を持つため，到達動詞句であることが分かります。

　　get drunk： 　到達動詞句（「−スル」「＋ナル」）

この動詞句は，酒に酔った状態に「ナル」ことを意味します。つまり，しらふの状態（NOT BE-drunk）から酒に酔っている状態（BE-drunk）に変わる（BECOME）ことを表しています。この状態変化は，「ナル」動詞 BECOME と状態動詞句 BE-drunk を使って次のように示すことができます。

　　get drunk の状態変化：
　　　NOT BE-drunk ― BECOME ― BE-drunk

したがって，get drunk の意味構造は，次のように表記できます。

　　x get drunk の意味構造： 　BECOME(x BE-drunk)

動詞句 get drunk と be drunk と同様の関係にある動詞句には，他に次のようなものがあります。

(95) 　{ a.　get tired 　　{ a.　get excited 　　{ a.　get married
　　　{ b.　be tired 　　　{ b.　be excited 　　{ b.　be married

練習課題

① 次の各文の意味特性を答えなさい。
　(1)　The bread is soft.
　(2)　The bread softened.

(3)　John softened the bread.

②　次の各文の意味構造を「ナル」動詞 BECOME を使って答えなさい。ただし，時制については考慮しなくてかまいません。

　(1)　The ship sank in the pond.

　(2)　John reached the station.

3-9.　redden(vt.) と be red

　3-4. で redden(vi.) と状態動詞句 be red の意味関係を見ました。ここでは，他動詞(vt. と略します)の redden，redden(vi.) および，be red の三者の意味関係を見てみましょう。

Question

(96a)～(96c)の意味の違いを答えなさい。また，それぞれの意味関係を答えなさい。

(96) a.　The wall was red.
　　 b.　The wall reddened.
　　 c.　John reddened the wall.

　最初に，(96a)～(96c)の文に意味特性「スル」「ナル」があるかどうかを調べてみましょう。

(97)　判定基準[1]①
　　　a.　*What the wall did was to be red.
　　　b.　*What the wall did was to redden.
　　　c.　What John did was to redden the wall.

(98)　判定基準[2]①
　　　a.　*The wall was red in two hours.
　　　b.　The wall reddened in two hours.
　　　c.　John reddened the wall in two hours.

以上により，(96a)は「-スル」「-ナル」型の状態動詞句，(96b)は「-スル」「+ナル」型の到達動詞句，(96c)は「+スル」「+ナル」型の達成動詞句であることが分かります。この「+スル」「+ナル」型の「スル」の意味をJohn DO と表し，「(赤く)ナル」の意味を BECOME(BE-red) と表すと，(96c)の意味構造は次のように表記できます。

John reddened the wall. の意味構造：

John DO　+　BECOME(the wall BE-red)
　「スル」　　　　　「ナル」

形容詞(red) + en で形成される redden(vt)は，DO で表される「スル」の意味を持つ活動と，red + en で形成される「ナル」の意味を持つ redden(vi.) の二つの要素から構成されています。すなわち，redden(vi.) と redden(vt.) は，次のような関係にあります。

　　x redden(vt.) y ⇒ x DO + y redden (vi.)
　　　　　　　　　　= x DO + BECOME(y BE-red)

3-10.　hammer the metal と hammer the metal flat

ここでは，次の(99b)のような構造の文，いわゆる**結果構文**といわれる文を詳しく見てみることにします。また，この構文はどのような意味特性で構成されているかも合わせて調べてみることにしましょう。

> **Question**
>
> 「スル」と「ナル」の観点より，(99a)(99b)の意味の違いを答えなさい。また，両者の意味関係を答えなさい。
>
> (99) a.　John hammered the metal.
> 　　　b.　John hammered the metal flat.

判定基準[1]①②と[2]①によって，(99a)(99b)にはどのような意味特性があるかを調べてみましょう。

(100) 判定基準[1]①
    a. What John did was to hammer the metal.
    b. What John did was to hammer the metal flat.

(101) 判定基準[1]②
    a. John hammered the metal carefully.
    b. John hammered the metal flat carefully.

(102) 判定基準[2]①
    a. *John hammered the metal in two hours.
    b. John hammered the metal flat in two hours.

(100)〜(102)により，(99a)は「＋スル」「−ナル」の意味特性を持つ活動動詞句の文であることが判明します。

(99a)′ John hammer the metal. （活動動詞句（DO））
   ⇒ John DO(hammering the metal)
  （＝ hammering the metal の活動をスル）

※簡略化するために，時制は省きます。

一方，(100)〜(102)により，(99b)は「＋スル」「＋ナル」型の達成動詞句の文であることが分かります。すなわち，(99b)はDOで表される「＋スル」型動詞（句）と，BECOMEで表される「＋ナル」型動詞句の二つの意味から成る動詞句です。この場合，hammer the metal の部分がDOで表される「＋スル」型動詞句であり，flatが付け加わることによって「ナル」の意味が表されると考えられます。したがって，(99b)の意味構造は，次のように表記されます。（簡略化するために，時制は省きます。）

John hammer the metal flat. の意味構造：
  John DO(hammering the metal) ＋ BECOME(the metal BE-flat)
    「＋スル」型動詞句   「＋ナル」型動詞句

> 練習課題

① 次の各ペアの意味の違いを答えなさい。

　(1) a.　John painted the house.

　　　b.　John painted the house green.

　(2) a.　John washed the shirt.

　　　b.　John washed the shirt white.

② 次の各文の意味構造を，抽象動詞 BE, DO, BECOME を使って答えなさい。時制については考慮しなくてかまいません。

　(1)　John painted the house green.

　(2)　John washed the shirt white.

3-11.　treat（「治療する」の意）と cure

英語で作文する時，よく似た意味を持つ動詞句，例えば，treat Mary と cure Mary のどちらを使えばいいのか迷うことがあります。ここでは，これらの動詞句には，どのような意味の違いがあるかを「スル」と「ナル」の意味特性に基づいて考えてみます。

Question

(103a)(103b)の意味の違いを答えなさい。

(103) a.　John treated Mary.
　　　b.　John cured Mary.

(103a)(103b)を判定基準[1]①②と[2]①で判定すると，次のような結果となります。

(104)　判定基準[1]①

　　a.　What John did was to treat Mary.

　　b.　What John did was to cure Mary.

(105)　判定基準[1]②

　　a.　John treated Mary carefully.

　　　　b.　John cured Mary carefully.
（106）　判定基準［2］①
　　　　a.　*John treated Mary in two hours.
　　　　b.　John cured Mary in two hours.

（104）〜（106）により，動詞句 treat Mary は，「＋スル」「−ナル」の意味特性を持つことが分かり，活動動詞句と分類されます。一方，動詞句 cure Mary は，「＋スル」「＋ナル」型の達成動詞句と分類されます。

　　treat：　活動動詞句（「＋スル」「−ナル」）（治療行為する）
　　cure：　達成動詞句（「＋スル」「＋ナル」）（治療行為し，治す）

　「＋スル」「＋ナル」型動詞句 cure Mary は，「＋スル」型である treat Mary の意味を含みますが，treat Mary は cure Mary の意味を含みません。すなわち，cure は「ナル」の意味を持ち，治療を受けた人が完治することを意味しますが，treat にはその意味はありません。したがって，この二つの動詞句について，次のような表現が成り立ちます。

（107）a.　John cured Mary; that is, John treated Mary.
　　　b.　John treated Mary, but John could not cure Mary.
（108）a.　*Though John cured Mary, Mary did not recover.
　　　b.　Though John treated Mary, Mary did not recover.

　このように，treat Mary と cure Mary のようなよく似た意味を持つ動詞句を，「スル」「ナル」の意味特性に基づいて分析することにより，それらの意味関係がより明白になります。

3-12.　be asleep, sleep と fall asleep

　よく似た意味の動詞句，be asleep, sleep, fall asleep の間には，どのような意味の違いがあり，どのような意味関係があるかを見てみましょう。

> **Question**
> (109a)〜(109c)の意味関係を答えなさい。
>
> (109) a.　John was asleep.
> 　　　b.　John slept.
> 　　　c.　John fell asleep.

(109a)〜(109c)の文を判定基準[1]①と[2]①で判定した結果は，次のとおりです。

(110)　判定基準[1]①
　　a.　*What John did was to be asleep.
　　b.　What John did was to sleep.
　　c.　*What John did was to fall asleep.

(111)　判定基準[2]①
　　a.　*John was asleep in a minute.
　　b.　*John slept in two hours.
　　c.　John fell asleep in two hours.

(110)(111)により，sleep には「スル」の意味特性があり，be asleep と fall asleep にはその特性がないことが分かります。また，fall asleep は状態変化を表す「ナル」の意味があり，sleep と be asleep には「ナル」の意味はありません。このことより，be asleep は状態動詞句，sleep は活動動詞句，また，fall asleep は到達動詞句と分類されます。

　　be sleep　　：　「−スル」「−ナル」＝　状態動詞句
　　sleep　　　 ：　「＋スル」「−ナル」＝　活動動詞句
　　fall asleep：　「−スル」「＋ナル」＝　到達動詞句

したがって，この三つの動詞句の意味構造は，状態動詞 BE，「スル」動詞 DO，「ナル」動詞 BECOME を使うと，次のように表記することができます。

x be asleep　⇒　x BE-asleep
x sleep　⇒　x DO(BE-asleep)
x fall asleep　⇒　BECOME(x BE-asleep)

3-13.　be cool, cool(vi.), cool(vt.)

　最後に，形容詞 cool，自動詞 cool，他動詞 cool の三者がどのような意味関係にあるかを，「スル」「ナル」の意味特性の観点から見てみましょう。

Question

(112a)～(112c)の意味の違いを答えなさい。また，それぞれの意味構造を答えなさい。

(112) a.　The soup was cool.
　　　b.　The soup cooled.
　　　c.　John cooled the soup.

まず，これら三つの文を判定基準[1]①と[2]①で判定してみましょう。

(113)　判定基準[1]①
　　　a.　*What the soup did was to be cool.
　　　b.　*What the soup did was to cool.
　　　c.　What John did was to cool the soup.

(114)　判定基準[2]①
　　　a.　*The soup was cool in two minutes.
　　　b.　The soup cooled in two minutes.
　　　c.　John cooled the soup in two minutes.

(113)(114)により，(112a)は「－スル」「－ナル」の意味特性を持つ状態動詞句から成る文であり，(112b)は「－スル」「＋ナル」の意味特性を持つ到達動詞句から成る文であり，(112c)は「＋スル」「＋ナル」の意味特性を持つ達成動詞句から成る文であることが判明します。したがって，状態動

詞 BE と「ナル」動詞 BECOME を使って，(112a)(112b)の意味構造は，次のように表記できます。

 the soup is cool（状態動詞句の文）⇒ the soup BE-cool
 the soup cooled（到達動詞句の文）⇒ BECOME(the soup BE-cool)

また，活動を「スル」動詞 DO で表すと，ジョンがなす行為は John DO と表され，達成動詞句（「＋ナル」「＋スル」）から成る文 John cooled the soup は，次のような意味構造で表されます。

 John cooled the soup.（達成動詞句の文）の意味構造：

 John DO ＋ BECOME(the soup BE-cool)
  「スル」   「ナル」

練習課題

① 次の各文の意味の違いを答えなさい。また，各文の意味構造を，状態動詞 BE，「スル」動詞 DO，「ナル」動詞 BECOME を使って答えなさい。時制は考慮しなくてかまいません。
 (1) The ship was sunk.
 (2) The ship sank.
 (3) John sank the ship.

② 次の各文の意味構造を，状態動詞 BE，「スル」動詞 DO，「ナル」動詞 BECOME を使って答えなさい。時制は考慮しなくてかまいません。
 (1) John was dead.
 (2) John died.
 (3) Tom killed John.

③ 次の二つの文の意味の違いを答えなさい。また，各文の意味構造を，状態動詞 BE，「スル」動詞 DO，「ナル」動詞 BECOME を使って答えなさい。時制は考慮しなくてかまいません。
 (1) John painted a wall.
 (2) John painted a wall red.

第2章

あいまい性と意味

　言語表現の中には，一つの言語形式に対し二つ以上の意味解釈が可能な場合があります。例えば，bank を例にとって考えてみましょう。この単語には，「堤防」と「銀行」の意味があります。そのため，例えば，John went to the bank. という文に対して，二通りの解釈ができます。すなわち，「ジョンは堤防へ行った。」と「ジョンは銀行へ行った。」の二つです。このように二通りの解釈ができる文は**あいまい文**と呼ばれます。しかし，具体的な文はなんらかの文脈・場面の中で用いられますから，文脈・場面次第で，一つの意味解釈に決定されることになります。したがって，John went to the bank に，例えば，to see the river が続くと，bank に対して「堤防」の意味解釈がなされ，to withdraw some money が続けば，bank に対して，「銀行」の意味解釈がなされます。

(1) a.　John went to the bank to see the river.
　　　　（ジョンは川を見に堤防へ行った。）
　　b.　John went to the bank to withdraw some money.
　　　　（ジョンはお金を引き出しに銀行へ行った。）

　同様に，John aimed at the man with a rifle. のような文に対しても，次のような二つの解釈ができます。

(2) a. John aimed at the man who was holding a rifle.
（ジョンはライフル銃を持っている男にねらいをつけた。）
b. John used a rifle to aim at the man.
（ジョンはライフル銃でその男にねらいをつけた。）

この場合は，文の構造を二通りに解釈できるという理由であいまいな文です。つまり，前置詞句の with a rifle と the man を一つのまとまりをなしている要素ととらえると(2a)の解釈がなされ，with a rifle を aimed at を修飾する要素ととらえると(2b)の解釈がなされることになります。

このように一つの言語形式に対して二つ以上の意味解釈が可能であるとき，その表現に**あいまい性**があると言います。

> あいまい性とは，一つの言語形式（語，句，節，文）に対し二つ以上の異なる意味解釈ができることをいう。

次の各文には二通りの意味解釈が可能です。その二通りの意味を下のヒントを参考にして考えてみましょう。

（A） John saw a <u>picture</u>.
（B） John saw her <u>duck</u>.
（C） <u>Visiting relatives</u> can be annoying.
（D） <u>Flying planes</u> can be dangerous.
（E） <u>Every</u> boy loves <u>a</u> girl.
（F） I walked <u>around the fountain</u>.
（G） The boat floated <u>under the bridge</u>.
（H） John <u>painted the wall</u>.
（I） John <u>is thinking of a future wife</u>.
（J） John <u>has been in Boston for three months</u>.
（K） John <u>almost</u> painted a picture.

【ヒント】
(A)(B)は単語におけるあいまい性。

(C)(D)は構文におけるあいまい性。
(E)は数量詞(every)と数量詞(a)によって生じるあいまい性。
(F)(G)は前置詞句におけるあいまい性。
(H)は動詞句の意味(達成と活動の意味)におけるあいまい性。
(I)は思考を表す動詞(think of)と不定名詞句(a future wife)の結びつきによって生じるあいまい性。
(J)は完了形の意味(経験と継続)におけるあいまい性。
(K)は副詞の意味解釈におけるあいまい性。

この章では,どのような要因によってあいまい性が生じるかを見ていくことにしましょう。

1. 語,句,および文のあいまい性

あいまい性は,語(word)のレベル,句(phrase)のレベル,および文(sentence)のレベルにおいて見られます。この節では,これらのレベルで見られるあいまい性について調べてみましょう。

1-1. 語のあいまい性

一つの語に対して二つの意味解釈ができる場合があります。例えば,次の a picture のように,一つの語が同一品詞のままで異なる意味を持つ場合や,duck のように一つの語が異なる品詞に解釈される場合があります。

Question

(3)のあいまい性について説明しなさい。

(3) John saw a picture.

(3)の名詞句 a picture は,次の二つの意味(3-i)(3-ii)に解釈できるため,(3)の文にはあいまい性が認められます。

(3-i)　　絵
(3-ii)　　写真

しかし，次の(3-i)′に見られるように，which Mary painted が後に続くと「ジョンはメアリーが描いた絵を見た。」の意味解釈が得られます。また，(3-ii)′に見られるように，which Mary took yesterday が後に続くと「ジョンはメアリーが昨日撮った写真を見た。」と解釈されます。

(3-i)′　　John saw a picture which Mary painted.
(3-ii)′　　John saw a picture which Mary took yesterday.

このように，a picture は文脈次第でいずれかの意味解釈に決定され，あいまい性は消えるのです。

次の語は，bank や picture 同様，名詞として二つの意味を持ちます。

ball	（ボール，舞踏会）
bar	（被告席，カウンター）
bat	（野球のバット，コウモリ）
bill	（鳥の口ばし，勘定書）
crow	（カラス，おん鳥の鳴き声）
line	（便り，列）
pot	（深鍋，マリファナ）
right	（権利，右）
sole	（かかと，ひらめ）
table	（テーブル，表）
temple	（寺院，こめかみ）

Question

(4)のあいまい性について説明しなさい。

(4)　　John saw her duck.

duck は，(4)のような文では名詞としての解釈と動詞としての解釈ができ，次の二通りの意味解釈ができます。すなわち，duck を「アヒル」を意味する名詞として解釈すると，her は所有格ととらえられ，文全体の意味は次の(4-i)となります。

(4-i)　ジョンは<u>彼女のアヒル</u>を見た。

他方，duck を「ひょっとかがむ」を意味する動詞として解釈すると，her は目的格ととらえられ，文全体の意味は次の(4-ii)になります。

(4-ii)　ジョンは<u>彼女がひょっとかがむ</u>のを見た。

次の語は，duck 同様，名詞と動詞の両方に解釈ができるものです。

　　　　dog　　　（名詞：犬，動詞：〜をつけまわす）
　　　　fly　　　　（名詞：ハエ，動詞：飛ぶ）
　　　　respect　（名詞：点，動詞：尊敬する）
　　　　ship　　　（名詞：船，動詞：発送(出荷)する）
　　　　toy　　　　（名詞：おもちゃ，動詞：いじくる）

練習課題

次の各文のあいまい性について説明しなさい。
(1)　He passed the port at night.
(2)　I saw her swallow.

1-2.　句のあいまい性

ある表現内の二つの要素の文法関係をどのようにとらえるかで，その表現にあいまい性が生じる場合があります。例えば，John's picture に関して考えてみましょう。John と picture の関係を主格と目的格の関係ととらえれば，the picture which John painted（ジョンが描いた絵）あるいは the picture which John has（ジョンが所有する絵）と意味解釈されます。また，

John が picture の目的格のような関係にあるととらえると，the picture which painted John（ジョンを描いた絵）の解釈が得られます。

以下で，このようなケースについて見ていくことにしましょう。

1-2-1. 動詞 -ing ＋名詞句

まず，「動詞 -ing ＋名詞句」の結びつきにおいて，動詞 -ing と名詞句の文法関係をどのようにとらえるかで解釈が異なることを観察します。

> **Question**
> (5)のあいまい性について説明しなさい。
>
> (5)　Visiting relatives can be annoying.

(5)における visiting と relatives の二つの要素がどのような文法関係にあるととらえるかで，二通りの解釈が可能となります。relatives と visit の文法的関係が，主格と動詞の関係にあるととらえると，(5-i)の解釈がなされ，relatives と visit の関係が動詞と目的格の関係にあるととらえると，(5-ii)の解釈がなされます。

(5-i)　<u>Relatives</u> who <u>visit</u> us can be annoying. （やって来る親戚）
　　　　主格　　　　動詞

(5-ii)　To <u>visit</u> <u>relatives</u> can be annoying.　（親戚を訪ねること）
　　　　　動詞　目的格

しかし，例えば，(5)の文の前に，As I have trouble with my legs のような理由を表す従属節が置かれているような文脈では，(5-ii)の意味解釈が適用され，あいまい性はなくなります。

(5-ii)′　As I have trouble with my legs, visiting relatives can be annoying.
　　　　（両足を痛めており，親戚を訪ねることは厄介なことである。）

> **Question**
> (6)のあいまい性について説明しなさい。

(6)　Flying planes can be dangerous.

　(6)の flying planes に関しても，flying と planes との文法関係を二通りに解釈することができ，あいまい性があります。ここでも，次の(6-i)のように，flying と planes の関係を主格と動詞（planes を主格とし，flying を動詞）とする場合と，(6-ii)のように，動詞と目的格とする場合（flying を動詞とし，planes を目的格）とする二通りの解釈をすることができます。

(6-i)　<u>Planes</u> which <u>are flying</u> can be dangerous.
　　　　主格　　　　　　動詞
　　　（飛んでいる飛行機は危険である。）
(6-ii)　To <u>fly</u> <u>planes</u> can be dangerous.
　　　　　動詞　目的格
　　　（飛行機を飛ばすことは，ときには危険を伴うこともある。）

　しかし，ここでも，次のように，適当な文脈が与えられると，あいまいさは消え，一つの意味解釈がなされます。

(6-ii)′　As the runway in this airport is very rough, flying planes can be dangerous.
　　　（ここの空港の滑走路は非常にガタガタしているので，飛行機を飛ばすことは危険である。）

> **Question**
> (7)の the shooting of the hunters のあいまい性について説明しなさい。

(7)　John saw the shooting of the hunters.

shooting と the hunters の二つの要素の文法関係をどのようにとらえるかで二通りの解釈ができます。一つは，the hunters が shoot に対して主格の関係にある(7-i)であり，もう一つは the hunters が shoot に対して目的格の関係にある(7-ii)です。

(7-i)　John saw <u>the hunters</u> who <u>shot</u> something.
　　　　　　　　　　主格　　　　　　動詞

　　　　（何人かの猟師が撃つこと）

(7-ii)　John saw someone who <u>shot</u> <u>the hunters</u>.
　　　　　　　　　　　　　　　　動詞　　　目的格

　　　　（何人かの猟師を撃つこと）

これまで同様，次のような文脈では，このようなあいまい性が解消されることになります。

(7-ii)′　John saw the shooting of the hunters. They shot down the bear.
　　　　（ジョンは何人かの猟師が撃つのを見た。彼らは熊を撃ち倒した。）

練習課題

次の各文のあいまい性について説明しなさい。
(1)　Kate heard the yelling of Bob.
(2)　It is a lot of fun to look at dancing girls.

1-2-2.　「名詞＋名詞」と「形容詞＋名詞」

二つの単語「名詞＋名詞」もしくは，「形容詞＋名詞」の組み合わせにあいまい性が認められる場合があることを見ることにしましょう。

Question

(8)と(9)のあいまい性について説明しなさい。

(8) a woman doctor
(9) a green house

(8)には，次の二つの意味があります。

(8-i) a doctor for woman （産婦人科を専門とする医者）
(8-ii) a female doctor （女性の医者）

しかし，次のような文脈では，(8-i)の意味解釈のみが成立することになります。

(8-i)′ Mary wants to see a woman doctor because she thinks she might be pregnant.
（メアリーはひょっとしたら妊娠しているかもしれないと思っているから，産婦人科の先生に診てもらいたがっている。）

(9)にも次の二通りの意味があります。

(9-i) a house which is painted green （グリーン色に塗られた家）
(9-ii) a house with a glass roof for growing plants in （温室）

a green house も，次のような文脈では，あいまい性は消え，一つの意味解釈がなされます。

(9-ii)′ John built a green house to grow tomatoes and cucumbers.
（ジョンはトマトやキュウリを栽培するために温室を建てた。）

練習課題

次の各文のあいまい性について説明しなさい。
(1) This is an old table.
(2) He is an English teacher.

1-3. 構造のあいまい性

一つの表現形式が構造的に二通りに分析することができるために，意味的にあいまい性が生じる場合があります。ここではそのような例を見ていくことにしましょう。

Question

(10)に対する二つの解釈を文の構造を分析して示しなさい。

(10)　John hit the man with a stick.

(10)は，次の(10-i)あるいは(10-ii)のいずれかの構造を持つと解釈できます。

(10-i)　John hit [the man with a stick]．（棒を持った男）
(10-ii)　John hit [the man] with a stick．（棒で男をたたく）

(10-i)のように the man と with a stick が結びついて名詞句を構成しているとする解釈と，(10-ii)のように the man と with a stick をひとまとまりの構造とはとらえず，with a stick が動詞 hit を修飾するとする解釈の両方が可能です。したがって，(10-i)と(10-ii)はそれぞれ次の(10-i)´と(10-ii)´の意味を持ちます。

(10-i)´　John hit the man who was holding a stick.
　　　　（ジョンは棒を持っている男を殴った。）
(10-ii)´　John used a stick to hit the man.
　　　　（ジョンは棒を使って男を殴った。）

(10)も，例えば，次のような文脈では，あいまい性はなくなります。

(10-ii)″　A man with a jackknife tried to attack John, so he hit the man with a stick.
　　　　（ジャックナイフを持った男がジョンに襲いかかろうとしたので，彼はその男を棒で殴った。）

> **Question**
> (11)の構造上のあいまいさを指摘し，それぞれの構造がどのような意味解釈に対応するか説明しなさい。

(11)　John decided on the boat.

(11-i)のように decided と on は構造上それぞれが独立しているとする解釈と，(11-ii)のように decided と on は一つの動詞句を構成するとする解釈の両方が可能です。前者の解釈の(11-i)は「ジョンは船の上で決心した。」，後者の解釈の(11-ii)は「ジョンはその船に決めた。」のようにそれぞれ日本語訳されます。

(11-i)　John decided <u>on the boat</u>.
　　　 （ジョンは船の上で決心した。）
(11-ii)　John <u>decided on</u> the boat.
　　　 （ジョンはその船に決めた。）

ここでも，次のような文脈ではあいまい性はなくなります。

(11-ii)′　Though he couldn't make up his mind about what he would give his wife, he finally decided on the boat.
　　　 （ジョンは妻に何をプレゼントしようか迷ったが，最終的にはそのボートに決めた。）

> **Question**
> (12)のあいまい性を構造の観点から説明しなさい。

(12)　John left his car with his girl friend.

構造上の一つの解釈は(12-i)で，もう一つの解釈は(12-ii)です。したがって，前者は次の(12-i)′を意味し，後者は(12-ii)′を意味することになります。

(12-i)　　John left [his car] with her girl friend.
(12-ii)　　John left [his car with her girl friend].
(12-i)′　　ジョンはガールフレンドと一緒に車から去った。
(12-ii)′　　ジョンは車にガールフレンドを置き去りにした。

この文に関しても，次のように，ある特定の文脈では，一つの妥当な解釈が成立します。

(12ii)″　　John and his girl friend quarreled over a trivial matter in his car and then he left his car with his girl friend.
　　　　（ジョンと恋人は車の中でつまらぬことで口論となり，彼は彼女を車に残し去った。）

練習課題

次の各文のあいまい性について説明しなさい。
(1)　John watched the man with a telescope.
(2)　John looked at a girl in the restaurant.

2.　数量詞によるあいまい性

　every, all, each, a, an のような数・量を表す語は**数量詞**（Quantifier）と呼ばれます。その中で，すべての数量を表す every, all, each は**全称数量詞**，一つの数量を表す a, an は**存在数量詞**とそれぞれ呼ばれます。一つの文に異なる二つの数量詞があることによって，あいまい性が生じます。以下で，そのような場合，どのような解釈がなされるかを具体的に見てみましょう。

Question

(13)のあいまい性について説明しなさい。

(13)　Every boy loves a girl.

第 2 章　あいまい性と意味——65

　一つの解釈は，一人一人の少年に，それぞれ愛する少女が一人対応する解釈です。すなわち，一人一人の少年に，愛する少女が一人存在する場合の解釈です。
　この少年と少女の関係は，次のように図示されます。

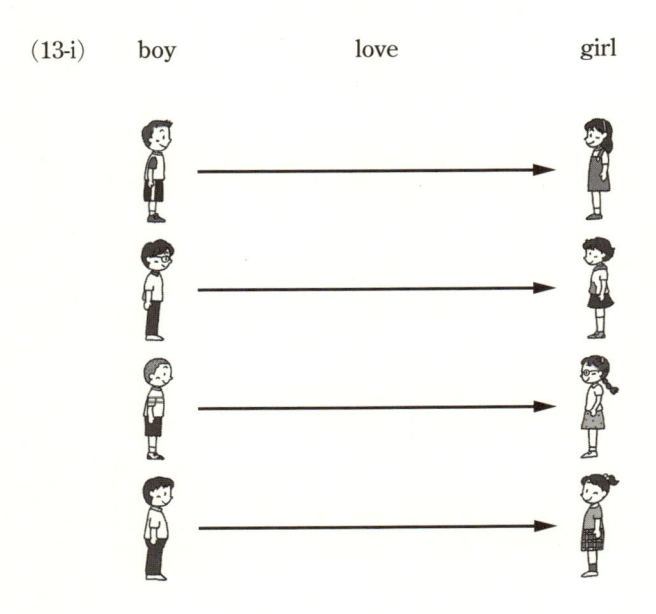

(13-i)　　boy　　　　　love　　　　　girl

この解釈は，次のように表されます。

　(13-i)′　For every boy, there is a girl that he loves.

　もう一つの解釈は，一人の少女がいて，その少女をすべての少年が愛しているという解釈です。すなわち，一人一人の少年の愛する対象は，同じ一人の少女であるということです。
　この両者の関係は，次のように図示されます。

(13-ii) boy　　　　　love　　　　　girl

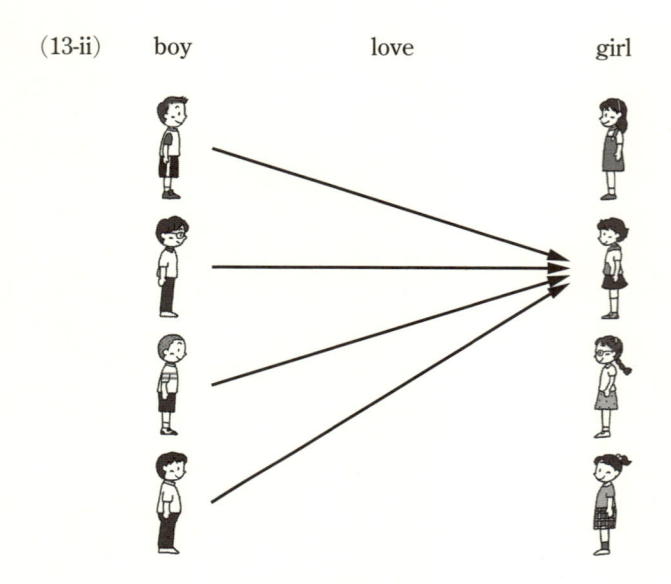

この解釈は，次の表現に対応します。

(13-ii)′　There is a girl that every boy loves.
　　　　　（すべての少年が愛している一人の少女がいる。）

次のような関係詞節が用いられている文脈では，(13)に対して，ただ一つの意味解釈が成立することになります。

(13-ii)″　Every boy loves a girl who lives in that house.
　　　　　（すべての少年がその家に住んでいる少女を愛している。）

Question

(14)のあいまい性を説明しなさい。

(14)　A man went into every store.

この文に対して与えられる二つの解釈を，(14-i)(14-ii)として図示します。

第 2 章　あいまい性と意味──67

(14-i)　　man　　　　went into　　　　store

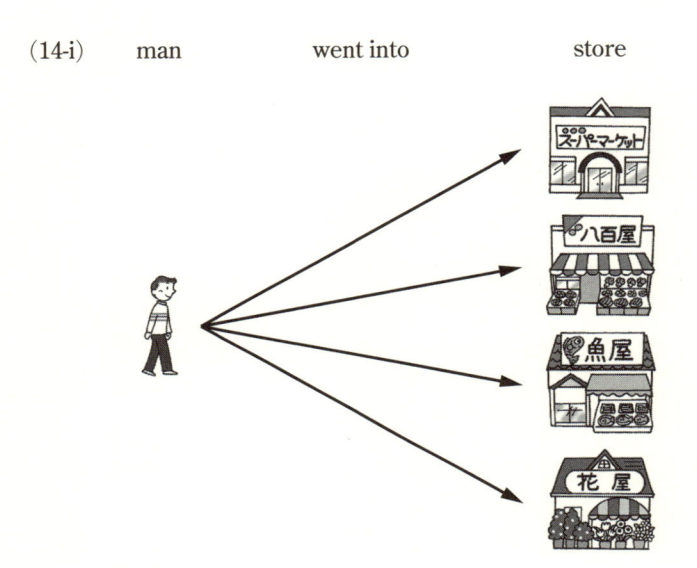

(14-ii)　　man　　　　went into　　　　store

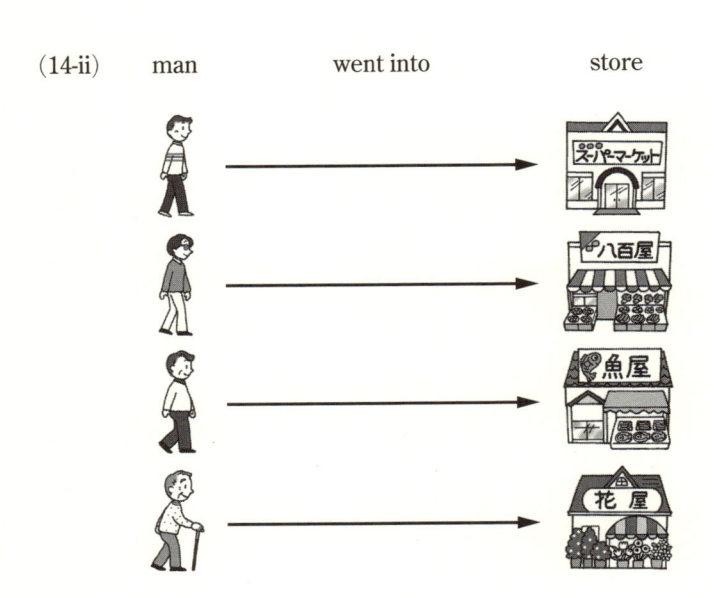

前ページの図(14-i)の解釈は，一人の男性がすべての店を訪れたというものです。これは，次のように表すことができます。

(14-i)′　There is a man who went into every store.
　　　　（すべての店に行った一人の男性がいる。）

そして，図(14-ii)は，一軒一軒の店に対して一人の男性が訪れたとする解釈です。これは，次のように表すことができます。

(14-ii)′　For every store, there is a man who went into it.
　　　　（すべての店一軒一軒に対して，その店に行った男性が一人いる。）

［注］図では簡略化して示していますが，実際には，(14-ii)の解釈においては，ある男性が，複数の店を訪れたという可能性もあります。すべての店に一人の男性が訪れたということがこの解釈のポイントであって，その男性が別の人物であるか同一人物であるかは問われません。

Question

(15)の二通りの解釈ついて説明しなさい。

(15)　Everyone read a book on linguistics.

この文には次の(15-i)か(15-ii)のいずれかの解釈が与えられます。

(15-i)　For each individual, there is a book that he read.
　　　　（everyone の一人一人に対してそれぞれ一冊の本が存在するという解釈）
(15-ii)　There is a book that every person read.
　　　　（一人一人が同一の本を読むという解釈）

Question

(16)のあいまい性について説明しなさい。

(16)　John saw a dog in his lawn at 3:00, 4:30 and 7:15.

この文は，a dog と時間 3:00, 4:30, 7:15 の関係によって，次の(16-i)および(16-ii)の二つの解釈ができます。

(16-i)　同一の一匹の犬が，3:00，4:30，7:15 に John's lawn に現れたとする解釈

(16-ii)　3:00，4:30，7:15 のそれぞれの時刻に，一匹の犬が John's lawn に現れたとする解釈

John saw dogs in his lawn at 3:00, 4:30 and 7:15. のように dog が複数の場合は，(16-ii)の解釈だけがなされ，あいまい性は生じません。

[注]　なお，(16-ii)の解釈においては，それぞれの時刻に一匹の犬が現れたということがポイントであって，その犬が別々の犬であるか同一の犬であるかは問われません。その点は，(14-ii)と同様です。

Question

(17)のあいまい性について説明しなさい。

(17)　John can't do anything.

否定辞 not と anything との関係で，次の二通りの解釈が可能です。一つは**動詞句否定**で，もう一つは**文否定**です。その二通りの意味解釈は次の通りです（本章 7-4 参照）。

(17-i)　動詞句否定：　John can do nothing.
　　　　　　　　　　（ジョンは何もできない。）

(17-ii)　文否定　　：　It is not the case that John can do anything.
　　　　　　　　　　（ジョンは何でもできるわけではない。）

この文も，文脈次第であいまい性は解消され，一つの意味解釈のみがなされます。

(17-i)′　John can't do anything because he is very annoyed at the barking of the dog.
（ジョンは犬のほえる声にひどく悩まされ，何もできないでいる。）

練習課題

次の各文のあいまい性について説明しなさい。
(1)　Everyone lifted a table.
(2)　All the people in this country are not happy.

3.　前置詞句によるあいまい性

　前置詞句の中には，活動動詞と結び付いた時，あいまい性を生じさせるものがあります。例えば，活動動詞 walk が under the tree と結びついた時，under the tree を「最終到達点」ととらえると walk under the tree 全体で「木の下まで歩いて行く」という完了の意味を表し，「＋スル」「＋ナル」型の達成動詞句となります。しかし，under the tree を場所を表す前置詞句としてとらえると，walk under the tree 全体で「木の下で歩く」の意味を表し，「＋スル」型の活動動詞句として解釈されます（第1章2-4参照）。このように，一部の前置詞句は，活動動詞と結びついた時，二通りの解釈が可能なため，あいまい性が生じます。

Question

(18)のあいまい性について説明しなさい。

(18)　I walked around the pond.

around the pond が「＋スル」型活動動詞 walk と結び付いたとき，次の二通りの解釈を許すこととなり，あいまい性が生じます。

(18-i)　「池の周りを歩いて一周した。」という**完了の解釈**
(18-ii)　「池の周りをぶらぶら歩いた。」という**未完了の解釈**

(18-ii)の解釈では，the pond の周りを一周したわけではなく，単にそのあたりを歩いたという意味を表します。
(18-i)の解釈がなされる場合は，walked around the pond は，「＋スル」「＋ナル」型の達成動詞句であり，ある時間内でその出来事が完了することを意味します。この場合，「スル」意味特性が「歩く」，「ナル」意味特性が「一周する」で表され，「私は歩いて池の周りを一周した。」の訳が与えられます。したがって，I walked around the pond. を in 20 minutes で修飾することができます。

(18-i)´　I walked around the pond in 20 minutes.
　　　　（池の周りを 20 分で歩いて一周した。）

一方，for 20 minutes で修飾すると(18-ii)の解釈が適用され，「＋スル」型である活動動詞句と見なされます。つまり，in / for 20 minutes という時間の副詞句が文脈の役割を果たし，あいまい性が解消されるのです。

(18-ii)´　I walked around the pond for 20 minutes.
　　　　（20 分間池の周りをブラブラ歩いた。）

Question

(19)のあいまい性について説明しなさい。

(19)　I ran upstairs.

副詞である upstairs が最終到達点を表す場合と，そうでない場合の解釈ができます。つまり，この文には完了と未完了の複数の解釈ができるということです。具体的には，完了を表すと解釈する場合は「最上階まで到達

したこと」の意味が得られますが，未完了を表すと解釈する場合は，単に「階上へ向けて走った」あるいは「二階で走った」という意味が得られます。

(19-i)　完了の解釈　　　：　I ran to the top of the stairs.
　　　　　　　　　　　　　　（最上階まで駆け上がった。）
(19-ii)　未完了の解釈①：　I ran in the direction of the upstairs.
　　　　　　　　　　　　　　（階上へ向かって走った。）
(19-iii)　未完了の解釈②：　I ran on the second floor.
　　　　　　　　　　　　　　（二階で走った。）

また，次の(19-i)′のように in a minute を伴うと，あいまい性がなくなり完了の意味のみを表します。

(19-i)′　I ran upstairs in a minute.
　　　　（1分で最上階まで駆け上がった。）

Question

(20)のあいまい性について説明しなさい。

(20)　The boat floated under the bridge.

(20)も，(20-i)のような完了，(20-ii)のような未完了の二通りの解釈が可能です。完了の解釈の場合，float は意味特性「スル」を表し（「浮かぶ」の意味を表し），under the bridge は意味特性「ナル」を表し（「下まで行く」の意味を表し），全体で「＋スル」「＋ナル」型の達成動詞句と考えられます。

(20-i)　完了の解釈：　ボートは橋の下まで浮かびながら行った。

一方，under the bridge が場所を表す場合，次のような未完了の解釈がなされます。

(20-ii)　未完了の解釈：　ボートは橋の下で浮いていた。

　The boat floated under the bridge in an hour.（ボートは1時間で橋の下まで浮かんで行った。）のように，in an hour が用いられている場合は，under the bridge が最終到達点と解釈され，動詞句は完了の意味を表します。The boat floated under the bridge for an hour.（ボートは1時間橋の下で浮いていた。）ように for an hour が用いられている場合は，under the bridge が場所と解釈され，動詞句は継続の未完了の意味を表します。また，Under the bridge the boat floated. のように，under the bridge を文頭に移すと場所を表し，未完了の意味のみを表します。つまり，この場合はあいまい性は消えます。

練習課題
次の各文のあいまい性について説明しなさい。
(1)　John ran in the park.
(2)　John jumped on the desk.
(3)　John flew a kite behind the museum.

4.　被影響名詞句のあいまい性

　動詞が表す行為によって，目的語となる名詞句の指示対象物が表面的もしくは，外面的な影響を被る場合，その名詞句を**被影響名詞句**（Affected NPs）と呼びます。

　　被影響名詞句：
　　　目的語となる名詞句が，動詞の表す行為から表面的な影響を被る場合，
　　　その名詞句を被影響名詞句という。

　被影響名詞句は，完了と未完了という二通りの解釈が可能となり，あいまい性が生じます。以下では，被影響名詞句とはどのようなものか，ま

た，なぜ被影響名詞句には二つの意味解釈が成り立つのかを見ていくことにしましょう。

Question
(21)のあいまい性について説明しなさい。

(21)　John painted the wall.

(21)の目的語である名詞句 the wall は，ペンキを塗るというジョンの行為によって，外面的・表面的に影響を受ける名詞句です。つまり，この名詞句 the wall が被影響名詞句です。この場合，完全に壁全体を塗り上げるという完了の解釈(21-i)と，塗るという活動のみを表す未完了の解釈(21-ii)が可能です。未完了の解釈では，仕上がった状態まで到ったかどうかは定かではありません。

(21-i)　完了の解釈：　ジョンは壁を塗り(=「スル」)上げ(=[ナル])た。
(21-ii)　未完了の解釈：　ジョンは壁を塗っ(=「スル」)た。

完了の解釈では，「スル」の意味は「塗る」によって，また，「ナル」の意味は「仕上げる」によって表されます。この複合動詞句は「＋スル」「＋ナル」の達成動詞句ですから，壁が完全に塗られたということを含意します。したがって，(22)に見られるように，この解釈では paint the wall は，ある時間内に完結する出来事を表すため，in X の副詞句で修飾することができます。他方，未完了の解釈では，paint the wall は活動のみを表し，(23)のように，継続を表す副詞句 for X で修飾することができます。この未完了の解釈では，壁が完全に塗り上げられたことを必ずしも含意しません。

(22)　John painted the wall in an hour.
　　　(ジョンは1時間で壁を塗り上げた。)
(23)　John painted the wall for an hour.

（ジョンは 1 時間壁を塗った。）

ここで注意すべきことは，(24)(25)が示すように，完了の解釈を受けようとも，未完了の解釈を受けようとも，the wall は，paint という行為によって何か別の物に変質するということではないということです。「表面的・外面的な」変化とは，(26)(27)のように，行為 paint の影響を受けても the wall であること自体は変わらないということを意味します。

(24) *John painted the wall in an hour and the wall changed into something.
(25) *John painted the wall for an hour and the wall changed into something.
(26) John painted the wall in an hour and the wall was painted green.
(27) John painted the wall for an hour and the wall was half painted green.

次に，なぜ被影響名詞句にあいまい性が生じるのかを考えてみましょう。

Question

(28)と(29)にはあいまい性が生じるかどうかを考えなさい。そして，あいまい性が生じる場合，その二通りの解釈を答えなさい。

(28) John baked a cake.
(29) John baked a potato.

同じ動詞が目的語である対象物の本質的な変化をもたらすことを表す場合と，外面的変化をもたらすことを表す場合があります。(28)における目的語 a cake は，bake することによって作り出される物を表しており，(29)における目的語 a potato は，bake することにより外面的・表面的に影響を受ける物を表しています。(28)の a cake のような目的語は**作成物**（Effected Object）と呼ばれ，(29)の目的語 a potato は**被影響物**（Affected

Object）と呼ばれます。

作成物：
目的語である対象物が動詞で表される動作・行為で作り出される物。
被影響物：
目的語である対象物が動詞で表される動作・行為に外面的・表面的にのみ影響を受ける物。

(28)の a cake は，ジョンが bake する開始時点では存在せず，最終到達点に到って始めて存在する物です。この bake による変化は，cake を生み出すという，cake にとって極めて本質的なものだといえるでしょう。一方，(29)の a potato はジョンが bake するか否かにかかわらず一貫して存在する物です。この違いによって，作成物である a cake と被影響物である a potato には，次のような意味上大きな違いが見られます。

(28-i)　A cake once baked can't be baked again.
(29-i)　A potato once baked can be baked again.

作成物は，ある行為の結果それが出来上がるという，1回限りの出来事を表します。一方，被影響物は，外面的な影響に過ぎないために，1回で焼き上げるという読みと，1回焼いたポテトをもう一度焼くという**行為の繰り返しとしてとらえる読み**の両方が可能です。

以上のように，bake a cake は完了の意味のみを表しますが，bake a potato は1回で完了する出来事を表すという読みと，2回以上の行為の繰り返しを表すという読みが可能です。

Question

(30)のあいまい性について説明しなさい。

(30)　She combed her hair in / for an hour.

her hair は被影響物であるため，次のような完了と未完了の解釈が可能

となります。

(30-i)　完了の読み：　（「スル：とく」+「ナル：仕上げる」）
　　　　　　　　　　1時間で髪の毛をとき上げた。
(30-ii)　未完了の読み：（「スル」：とく）
　　　　　　　　　　1時間髪をといた。

Question
paint 以外に作成物と被影響物の両方をとる動詞にはどのようなものがあるかを答えなさい。

同じ動詞が用いられ，目的語が作成物を表す場合と被影響物を表す場合があるものには，次のようなものがあります。

(31) a.　cook a meal（Effected Object）
　　　　cook the carrot（Affected Object）
　　b.　erase a word（Effected Object）
　　　　erase a blackboard（Affected Object）
　　c.　dig a hole（Effected Object）
　　　　dig the backyard（Affected Object）

目的語の名詞句が作成物である場合は，1回限りの行為の完了を表し，あいまい性は生じない。一方，目的語の名詞句が被影響物である場合は，2回以上の繰り返し行為が可能であり，完了と未完了の両方の解釈が成り立つため，あいまい性が生じる。

練習課題
次の各文のあいまい性について説明しなさい。
(1)　John baked a potato.
(2)　Mary cooked a carrot.

5. 名詞句のあいまい性

　名詞句の中でも**不定名詞句**（a/an + 単数名詞，ゼロ冠詞 + 複数名詞）にはあいまい性が認められます。どのような場合にあいまい性が生じるのか，またどのような意味解釈がされるのかを，この節で見ることにしましょう。

5-1. 不定名詞句のあいまい性

　思考や願望を表す動詞（think of, wish, want など）が不定名詞句と結び付くと，その名詞句に二つの解釈が可能となり，あいまい性が生じます。その一つは，名詞句がある特定の人や物を示すとする解釈（**特定的読み**，Specific Reading）で，もう一つは，特定の人や物ではなく，ある特徴を持つ人や物（時として，空想上の人や物）を示すとする解釈（**非特定的読み**，Unspecific Reading）です。

Question

(32)のあいまい性について説明しなさい。

(32)　　John is thinking of a future wife.

　(32)の a future wife は，思考を表す動詞句 think of と結び付いているため，次の(32-i)と(32-ii)の二通りの解釈を可能にしています。

(32-i)　　a future wife で示される対象が，現実に存在する女性を表すという解釈

　これは特定的読みに相当し，例えば，ジョンは，現実に存在する婚約者のことを考えているという解釈です。もう一つは，例えば，次の(32-ii)のような解釈です。

(32-ii)　　将来結婚する場合における，自分の希望を色々そなえた空想の

結婚相手を表すという解釈

これは非特定的読みに相当し，不特定の女性のことを考えているという解釈です。しかし，ある文脈が与えられると，一つの読みに限定されます。例えば，次のような文脈では，特定の人物が示されている解釈（特定的読み）のみが可能です。

(32-iii) John is thinking of a future wife now. She will come to his apartment tonight.
（ジョンは今未来の妻のことを考えている。今夜彼女が彼のアパートにやって来るのだ。）

Question
(33)のあいまい性について説明しなさい。

(33) John wishes to talk with a psychiatrist.

(33)に対しても，動詞 wish と不定名詞句 a psychiatrist の結び付きにより，次の二通りの解釈が可能です。

(33-i) ジョンは特定の精神科医と話したいと思っている。
(33-ii) 精神科医であればだれでもよく，その資格を持った人とジョンは話したいと思っている。

しかし，(33)に He thinks any psychiatrist will do. が続くと，非特定的読みのみが可能となります。

(33-iii) John wishes to talk with a psychiatrist. He thinks any psychiatrist will do.
（ジョンは精神科医と話をしたいと思っている。彼はどんな精神科医でもかまわないと思っている。）

5-2. 裸の複数名詞句のあいまい性

　dogs, cats, animals のように定冠詞を伴わない複数形の名詞句のことを**裸の複数名詞句**(Bare Plural NPs)と呼びます。裸の複数名詞句は，その置かれた状況・文脈が決まらない時には，**総称の読み**(Generic Reading)と**存在の読み**(Existential Reading)のいずれの意味を持つかが確定せず，あいまい性を持ちます。

　　総称の読み：名詞句が指示する対象物すべてに当てはまるという読み
　　存在に読み：名詞句が指示する対象物の一部が存在するという読み

　しかし，その置かれた文脈や結び付く述語によってあいまい性が解消します。それでは，どのような述語と結び付くことによって，この裸の複数名詞句のあいまい性が解消されるかを見てみましょう。
　述語は，状況を描写する仕方で大きく二つに分けられます。その一つは，時間的にも空間的にも限られた状況を表す述語であり，他方は，時間的・空間的にもかなりの広がりある状況や個人の持つ特性を表す述語です。前者を**一時的状況述語**と呼び，後者を**永続的状況述語**と呼びます。

　　一時的状況述語：時間的にも空間的にも限られた一つの状況を表す述
　　　　　　　　　　語
　　永続的状況述語：時間的・空間的にもかなりの広がりある状況や個人
　　　　　　　　　　の持つ特性を表す述語

一時的状況述語と裸の複数名詞句が結び付くと，複数名詞句に対して存在の読みが与えられ，永続的状況述語が裸の複数名詞句と結び付いた時は，複数名詞句に総称の読みが与えられます。

　以下で，一時的状況述語にはどのような動詞句があるか，永続的状況述語にはどのような動詞句があるか見ていきましょう。

> **Question**
>
> 次の(34)と(35)における裸の複数名詞句(lemmings)の解釈には，どのような違いがあるかを説明しなさい。
>
> また，(36)と(37)の下線部の they, them と裸の複数名詞 lemmings の意味の違いを説明しなさい。
>
> (34)　<u>Lemmings</u> are protected by law.
> (35)　Mick is trying to trap <u>lemmings</u>.
> (36)　<u>Lemmings</u> are protected by law, but Mick is trying to trap <u>them</u> anyway.
> (37)　Mick is trying to trap <u>lemmings</u> even though he knows full well that <u>they</u> are protected by law.

　(34)における are protected by law は一時的状況でなく，比較的長い状況を叙述しているため，その述語と結び付いた裸の複数名詞 lemmings は総称的な読みが与えられます。すなわち，(34)は「どのようなタビネズミも，法で保護されている。」を意味します。

　一方，(35)における Mick is trying to trap は一時的な状況を表しているため，この状況下にあるタビネズミは一部のタビネズミであって，すべてのタビネズミではありません。すなわち，(35)には「何匹かのタビネズミを捕らえるようとしている。」という存在の読みが与えられます。

　以上のように，永続的（一般的）な状況での裸の複数名詞には総称の読みが与えられ，一時的な状況での裸の複数名詞には存在の読みが与えられます。

　したがって，(36)では，lemmings には総称の読みが与えられますが，lemmings を指示する them に対しては，存在の読みが与えられます。他方，(37)では，lemmings には存在の読みが与えられ，その lemmings を指示する they に対しては，総称の読みが与えられます。

> **Question**
> (38)における dogs と they の意味にはどのような違いがあるか答えなさい。

(38)　John likes dogs very much, so they are in his house.

　動詞 likes は John の持つ特性を表しているため，永続的状況述語と考えられます。そのため，この述語と結び付く裸の複数名詞に対しては，総称の読みが与えられます。したがって，(38)の裸の複数名詞 dogs には次のような訳が与えられます。

(38-i)　犬ならどんな犬でも（ジョンは大好きだ。）

後半部分(so, they are in his house)についてはどうでしょうか。代名詞 they が指示する対象物は dogs であり，be in his house は一時的状況を表す述語です。したがって，この両者が結び付いた時，この代名詞には存在の読みが与えられます。

(38-ii)　ジョンの家には何匹かの犬がいる。

> **Question**
> (39)の裸の複数名詞句(linguists)には，総称の読みのみが可能で，存在の読みは不可能です。しかし，(40)の裸の複数名詞句は，総称の読みは不可能で，存在の読みだけが可能です。その理由を答えなさい。

(39)　Linguists are intelligent.
(40)　Linguists were taking a nap during the meeting.

　(39)には，「言語学者という人々は，知的である。」を意味する総称の読みのみが許され，存在の読みは許されません。その理由は，動詞句 be intelligent が人の特性を表し，永続的状況述語であるためです。

　他方，(40)における述語 be taking a nap during the meeting は一時的な状況を表している述語であるため，この述語と結び付いた裸の複数名詞句

は存在の読み（すなわち，「何人かの言語学者は，会議中ウトウトしていた。」という読み）が与えられます。

Question

(41)の rabbits と they にどのような解釈ができるか考え，文全体を日本語に訳しなさい。

(41) Mary hates <u>rabbits</u>, because <u>they</u> ruined her garden last night.

　hate は個人の特性を表す永続的状況述語であり，その動詞と結び付いている裸の複数名詞句 rabbits には総称の読みが与えられます。一方，ruin her garden last night は一時的状況述語であるため，その動詞句と結び付いている複数名詞 they には存在の読みが与えられます。したがって，(41)の文の意味は「昨晩何匹かのウサギに庭を荒らされたので，メアリーはウサギという動物すべてが嫌いである。」ことを意味します。

練習課題

① 次の各文のあいまい性について説明しなさい。
　(1) John wants to catch a fish.
　(2) George dreamed of a beautiful woman.
② 次の文中の carrots と they の意味にはどのような違いがあるか，「総称の読み」と「存在の読み」の観点より述べなさい。
　John likes carrots, so <u>they</u> are always in the refrigerator.

6. 完了形のあいまい性

　ここでは，英語の現在完了形の文（以下で，完了文と略します）のあいまい性について見てみます。完了文は，完了，経験もしくは継続の意味を表します。一つの完了文が，三つの意味のうち二つの意味を表すことが可能な場合があり，こうした場合はあいまい性が生じます。すなわち，完了

文のあいまい性は，完了文が完了，経験，継続という三つの意味を表すことができることから起こります。

> **Question**
> (42)のあいまい性について説明しなさい。

(42)　John has been in Boston for three months.

(42)のあいまい性は，動詞句 has been in Boston for three months が二通りに解釈できることから生じます。一つは，ジョンは今までにボストンで3ヶ月生活したという出来事があるという，経験の意味を表す解釈で，もう一つは，今ではボストン生活が3ヶ月になるという，継続の意味を表す解釈です。すなわち，期間を表す副詞句 for three months が一つの出来事の期間を表すという読みと，もう一つは，for three months が3ヶ月前から現在にまで及んでいることを表すという読みです。前者の読みでは，一つの過去の出来事があり，その出来事を今までに一度は経験しているということを表します。

(42-i)　経験を表す読み（過去に一つの出来事が起こっている）：
John's three-month stay in Boston took place in the past.
（ジョンは今までにボストンで3ヶ月生活した経験がある。）

後者の読みは，ボストンでの生活が現在まで継続しており，その期間が今では3ヶ月になったことを表します。

(42-ii)　継続を表す読み（現在まで継続している）：
John's three-month stay in Boston is lasting up until the present time.
（ジョンの3ヶ月間のボストンでの生活が今まで続いている。）

なお，For three month John has been in Boston. のように，副詞句を文頭に移すと継続の意味のみを表し，あいまい性は消えます。副詞句を文頭

に移動できるのは文修飾（7-3参照）の副詞句に限られますが，期間を表す副詞句が文修飾の副詞句として働く場合，完了形の動詞句は継続の意味のみを表すのです。

> **Question**
> (43)のあいまい性について説明しなさい。
>
> (43)　They have lived here since the war.

　この文にも，(42)と同様，経験と継続の二つの解釈が可能です。経験の読みは，過去に一つの出来事が起こっており，その出来事を経験したことがあることを表します。

(43-i)　経験の読み：
　　　　Their living here for a period since the war took place in the past.
　　　　（彼らは戦争以来一定期間ここに住んだことがある。）

一方，継続の読みは，戦争から現在までの継続状態を表す読みです。

(43-ii)　継続の読み：
　　　　Their living here is lasting up to the present time since the war.
　　　　（彼らは戦争以来ずっとここに住んでいる。）

> **Question**
> (44)のあいまい性について説明しなさい。
>
> (44)　John has been to Mr. Taylor's.

　この文は，次のように経験と完了の二通りの意味を持つ点であいまいです。

(44-i)　ジョンはテイラーさんのところへ行ったことがある。（経験）
(44-ii)　ジョンはテイラーさんのところへ行って来たところだ。（完了）

> **練習課題**

次の各文のあいまい性について説明しなさい。

(1) Mary had stayed in London for three months.
(2) John has been in Tokyo for a year.

7. 副詞句のあいまい性

　副詞の中には，ある文・動詞句と結びつくことによって，あいまい性をもたらすものがあります。例えば，almost のような副詞は達成動詞句と結び付いた時，あいまい性が生じます。また，happily のような副詞は，文を修飾する働きをする場合があるだけではなく，動詞句を修飾する働きもする場合もあることから，あいまい性が生じることがあります。この節では，副詞(句)とのかかわりで句や文に生じるあいまい性について見ていきます。

7-1. almost ＋達成動詞句のあいまい性

　副詞 almost が達成動詞句と結び付いた時，あいまい性が生じます。その要因は，達成動詞句には「スル」と「ナル」の二つの意味特性があるため，almost が，意味特性「スル」を修飾する場合と，意味特性「ナル」を修飾する場合とがあることによります。以下で具体的に見てみましょう。

> **Question**
>
> (45)のあいまい性について説明しなさい。

(45) John almost painted a picture.

　動詞句 paint a picture は，達成動詞句であり，意味特性「スル」と「ナル」を持ちます。almost は二つの意味特性のどちらも修飾することができるため，二つの解釈が可能となります。すなわち，almost が「スル」の意味特性を修飾する時，もう少しのところで「スル：絵を描く」ことを始めると

ころであったことを表します。

(45-i)　John was on the point of painting a picture but did nothing at all.
（ジョンは絵を描こうとしたが，結局何もしなかった。）

　他方，almostが「ナル」の意味特性を修飾する時，(45-ii)の解釈がなされます。すなわち，もう少しのところで「ナル：絵が描き上がる」ことが完結するところだったことを意味します。これは，最終到達点に近いところまできたが，到達点にまで至らなかったことを表しています。

(45-ii)　John did begin working on a painting but did not quite finish the picture.
（ジョンは絵を描くことを始めてはいたが，まだ完全に描き上げるところまでは至っていない。）

　(45-iii)のように，(45)の文の後に，All he had to do was to paint the sky blue. が続いたときには，一つの解釈がなされます。

(45-iii)　John almost painted a picture. All he had to do was to paint the sky blue.
（ジョンはほとんど絵を書き上げた。あとは空を青く塗るだけだった。）

　almostが到達動詞句もしくは，活動動詞句と結びついた場合には，あいまい性が生じることはありません。その理由は，到達動詞句は「ナル」の意味特性しか持たず，活動動詞句は「スル」の意味特性しか持たないからです。すなわち，almostが到達動詞句を修飾する時，もう少しのところである出来事が「ナル」ところだった（が，ならなかった）ことを意味し，almostが活動動詞句を修飾する時，もう少しのところである行為を「スル」ところであった（が，しなかった）ことを意味します。

> **Question**
>
> (46)にはあいまい性はありません。その理由を答えなさい。
>
> (46)　John almost ran.

run は活動動詞であり,「スル」の意味特性しか持ちません。したがって, almost ran は,「走る」行為をもう少しで「スル」ところであったが, しなかったことを意味します。

(46-i)　John came near running but in fact did not run.
　　　　（John はもう少しのところで走るところであった。）

> **Question**
>
> (47)にはあいまい性はありません。その理由を答えなさい。
>
> (47)　John almost arrived at the top of the mountain.

arrive at は到達動詞句であり, 意味特性「ナル」のみを持つ動詞句です。したがって, almost arrived at the top of the mountain は,「もう少しで頂上に達するところであったが, 達しなかった」ことを意味します。

(47-i)　John was near to arriving at the top of the mountain, but in fact he didn't arrive at it.
　　　　（ジョンはもう少しで, その山の頂上に到達するところであったが, 実際は到達しなかった。）

7-2.　時間の副詞句のあいまい性

ある文において, for X のような時間の副詞句が修飾する要素によって, あいまい性が生じる場合があります。具体的にどのようなあいまい性が生じるかを見てみましょう。

> **Question**
>
> (48)のあいまい性について説明しなさい。
>
> (48)　The Sheriff of Nothingham jailed Hood for four years.

　(48)の文は，**同一行為の繰り返しの読み**(Repetitive Reading)と**一つの行為の結果の読み**(A Reading of the Result State of a Single Act)の二通りの解釈が可能です。行為の繰り返しの読みでは，時間の副詞句 for four years は the Sheriff of Nothingham が Robin Hood を捕まえては投獄し，捕まえては投獄するという繰り返しの行為を続けた期間を表します。この解釈では，Robin Hood は捕まっては投獄され，また捕まっては投獄され，という繰り返しの期間が4年であることを意味します。

(48-i)　For four years, Nothingham Sheriff's act of jailing Hood repeatedly took place.
　　　（4年の間，Sheriff of Nothingham は Robin Hood を捕らえては投獄し，捕らえては投獄した。）

　もう一つの解釈である一つの行為の結果の読みでは，時間の副詞句 for four years は，一つの行為 jailing が作り出す結果状態の継続を表します。したがって，この解釈では，Robin Hood は4年間ずっと投獄されていたことを意味します。

(48-ii)　Hood was jailed for four years by the Sheriff of Nothingham.
　　　（Hood は the Sheriff of Nothingham によって，4年間監獄に入れられていた。）

7-3.　副詞のかかり方によるあいまい性

　ある副詞には，文を修飾する（**文修飾**）という解釈と，動詞句を修飾する（**動詞句修飾**）という解釈とで，あいまい性が生じる場合があります。

Question

(49)のあいまい性について説明しなさい。

(49)　John clumsily dropped his cup of coffee.

　clumsily のような副詞は，次のように，文修飾と動詞句修飾の二つの解釈が可能です。そのために，あいまい性が生じます。

(49-i)　　文修飾：
　　　　　Clumsily, John dropped his cup of coffee.
　　　　　(ぶざまにも，ジョンは自分のコーヒーカップを落とした。)
(49-ii)　　動詞句修飾：
　　　　　John dropped his cup of coffee in a clumsy manner.
　　　　　(ジョンは自分のコーヒーカップをぶざまな具合に落とした。)

Question

(50)のあいまい性について説明しなさい。

(50)　John happily married Mary.

　(50)は，次のような二通りの解釈ができます。すなわち，happily が文を修飾するとする解釈(50-i)と，動詞句を修飾するとする解釈(50-ii)です。

(50-i)　　Happily, John married Mary.
　　　　　(幸福なことに，ジョンはメアリーと結婚した。)
(50-ii)　　John married Mary in a happy manner.
　　　　　(ジョンは幸せな結婚をメアリーとした。)

練習課題

次の各文のあいまい性について説明しなさい。
(1)　John cleverly told us the secret.
(2)　Mary awkwardly answered the question.

7-4. 否定構文のあいまい性

　否定構文においてもあいまい性が見られます。否定辞 not と副詞節・副詞句が一つの文に存在する時，否定辞 not が修飾する要素によってあいまい性が生じます。すなわち，not が文を否定する場合（文否定）と，動詞句を否定する場合（動詞句否定）があるためです。

Question

（51）のあいまい性について説明しなさい。

(51)　Mary didn't sleep until 10 o'clock.

　この文における否定辞 not は，文全体を否定する場合と，動詞句のみを否定する場合があります。(51-i)は文否定の解釈で，(51-ii)は動詞句否定の解釈です。

(51-i)　文否定：
　　　It is not the case that Mary slept until 10 o'clock.
　　　（メアリーは10時まで眠っていたのではない。）

(51-ii)　動詞句否定：
　　　It is the case that Mary didn't sleep until 10 o'clock.
　　　（メアリーは10時まで眠らないでいた。）

　(51)の文の後に，例えば，She was waiting for her father to come back home. のような表現が続けば，一つの意味解釈のみがなされ，あいまい性は消えます。

(51-iii)　Mary didn't sleep until 10 o'clock. She was waiting for her father to come back home.
　　　（メアリーは10時まで眠らないでいた。彼女は父親が家に帰ってくるのを待っていたのだ。）

Question

(52)のあいまい性について説明しなさい。

(52)　John doesn't rear cattle to make money.

(52)も，次のように，文全体を否定する文否定と，動詞句のみを否定する動詞句否定の二つの解釈ができ，あいまい性があります。

(52-i)　文否定：
It is not the case that John rears cattle to make money.
（ジョンが牛を飼育しているのは，金もうけのためではない。）

(52-ii)　動詞句否定：
John doesn't rear cattle in order to make money.
（ジョンは金もうけのために牛を飼育するようなことはしない。）

(52)の文の後に，例えば，He just loves taking care of animals. のような文が続くと，一つの意味解釈のみ可能です。

(52-iii)　John doesn't rear cattle to make money. He just loves taking care of animals.
（ジョンが牛を育てているのは，金もうけのためではない。彼はただ動物の世話が好きなだけなのだ。）

練習課題

次の各文のあいまい性について説明しなさい。
(1)　John polished all the shoes slowly.
(2)　John doesn't work for that company to make money.

8. 分配・集合読みのあいまい性

every, all, each のような数量詞と a, an のような一つの数量を表す数量詞が一つの文に存在する場合、あいまい性が生じることは第2節で見ました。これとよく似たあいまい性が、数量詞と動詞句で表される出来事との間にも見られます。このことを観察する前に、**分配の読み**と**集合の読み**を次のように定義しておきます。

> 分配の読み (Distributive Reading)：
> 　一つ一つの対象物に対して、出来事が一つ一つ対応している読み（この場合の対象物とは、数量詞＋名詞句で表されるもの）
>
> 集合の読み (Collective Reading)：
> 　すべての対象物を一つの集合体とみなし、その集合体に対して、一つの出来事が対応している読み

Question

(53) のあいまい性について説明しなさい。

(53)　Henry gracefully ate all the crisps.

(53) には次のような二つの読み (53-i) と (53-ii) が可能です。eat プラス gracefully で表される出来事と数量詞 all との関係に、分配の読みと集合の読みが成り立つためです。分配の読みは一つ一つの crisp に対し、eating gracefully という出来事が一つ一つ対応しているという読みです。

(53-i)　分配の読み：
　　　Henry ate each of crisps gracefully.
　　　(＝ For each of the crisps, Henry ate it gracefully.)
　　　（一つ一つのチップスを Henry は優雅に食べた。）

他方，集合の読みはすべてのチップスに対して，eating gracefully という出来事が一つ対応しているという読みです。

(53-ii)　集合の読み：
Henry's eating of crisps was overall graceful.
（Henry がチップスを食べた行為は全体として優雅だった。）

Question
(54)のあいまい性について説明しなさい。

(54)　Hobbes frightened the little boys.

(54)の文には，次のような分配の読み(54-i)と集合の読み(54-ii)が可能です。

(54-i)　分配の読み：
Hobbes frightened each of the little boys.
（ホッブズは小さい少年を一人一人おどかした。）

分配の読みでは，名詞句 the little boys は一人一人個別に認識されて，その一人一人に対して frightening という出来事があります。すなわち，一人の boy に対して一つの出来事があり，別の boy に対して別の出来事があるという解釈です。

(54-ii)　集合の読み：
There is an event such that Hobbes frightened all the little boys.
（ホッブズは小さい少年たちをまとめておどかした。）

集合の読みでは，名詞句 the little boys を一つのグループと解釈し，そのグループの少年すべてをおどすという一つの出来事があったことを意味します。もし少年が5人いた場合，分配の読みでは，Hobbes は5回おどす行為をしたことを意味しますが，集合読みでは，少年5人をまとめて1

回おどす行為をしたことを意味します。

Question

(55)のあいまい性について説明しなさい。

(55)　Five boys carried a piano up the stairs.

(55)には，次のような分配の読みと集合の読みがなされます。

(55-i)　分配の読み：
For each of five boys there was an event of his carrying a piano.
(5人の少年一人一人にとって carry a piano という出来事があった。つまり，carrying a piano という出来事は5回あった。)

(55-ii)　集合の読み：
There was an event that a group of five boys carried a piano.
(5人の少年が共同で行なう，carrying a piano という出来事が1回あった。)

練習課題

次の各文のあいまい性について説明しなさい。
(1)　John hit four children in the park.
(2)　Six girls cooked a meal.

9.　省略によるあいまい性

　この節では，省略によって生じるあいまい性について見ていきます。この場合のあいまい性は，省略されている部分が二通りに解釈可能であるために起こります。つまり，省略部分が先行文のどの部分を指していると解釈できるかによって，あいまい性が生じるのです。

Question

(56)には二通りの解釈ができます。各解釈に基づいて、and 以下の省略されている部分を補い、完全な文にしなさい。

(56)　Bob gave Sally a pen and Mary a book.

　一つの解釈は、(56-i)のように、and の後に主語と動詞（Bob gave）が省略されているとするもので、「ボブはサリーにペンをあげ、メアリーには本をあげた。」と意味解釈されます。もう一つの解釈は、(56-ii)のように、Mary を主語ととらえ、その後の動詞と目的語（gave Sally）が省略されているとする解釈で、この場合、「ボブはサリーにペンをあげ、メアリーはサリーに本をあげた。」と意味解釈されます。つまり、Mary を目的語ととるか、主語ととるかで文全体の意味合いが違ってくるわけです。

(56-i)　Bob gave Sally a pen and (Bob gave) Mary a book.
(56-ii)　Bob gave Sally a pen and Mary (gave Sally) a book.

　この文は、次のような文脈ではあいまい性はなくなり、(56-i)の意味解釈がなされます。

(56-iii)　Bob gave Sally a pen and Mary a book because he is generous to girls.

Question

(57)のあいまい性について説明しなさい。また、各解釈に基づいて and 以下の省略されている部分を補い、完全な文にしなさい。

(57)　Bob ordered me to get the sandwiches and Tom the liquor.

　この文も、後半部分の Tom をどのようにとらえるかで意味解釈が異なります。一つは、(57-i)のように、Tom を目的語ととらえるもので、もう一つは、(57-ii)のように、Tom を主語ととらえる解釈です。

(57-i)　Bob ordered me to get the sandwich and (Bob ordered) Tom (to get) the liquor.

(57-ii)　Bob ordered me to get the sandwich and Tom (ordered me to get) the liquor.

この文も，次のような文脈ではあいまい性はなくなり，(57-i)の解釈のみが可能です。

(57-iii)　Bob ordered me to get the sandwich and Tom the liquor. Bob always likes to order us to do something.

Question

(58)のあいまい性について説明しなさい。また，than Sally 以下に省略された部分を補い，完全な文にしなさい。

(58)　Mary likes Jane better than Sally.

(58)は，than Sally の部分がどのように解釈されるかによって，二通りの意味を持ちます。一つは，(58-i)のように，Sally を目的語としてとらえる解釈で，もう一つは(58-ii)のように，Sally を主語としてとらえる解釈です。

(58-i)　Mary likes Jane better than (Mary likes) Sally.
　　　　（メアリーはサリーよりもジェーンを好いている。）

(58-ii)　Mary likes Jane better than Sally (likes Jane).
　　　　（メアリーは，サリーがジェーンを好いている以上にジェーンのことを好いている。）

練習課題

次の各文のあいまい性を説明しなさい。

(1)　John persuaded Mary to clean the room and Jane to cut a tree.

(2)　John sent Mary a letter and Sally a book.

10.　法助動詞のあいまい性

must, can, may, will, shall, などの助動詞を**法助動詞**と呼びます。法助動詞には**認識的用法**と**根源的用法**の二つの用法があります。例えば，must の認識的用法では日本語の「〜に違いない」が，また，根源的用法では「〜しなければならない」の日本語が対応します。また，can の認識的用法では，日本語の「〜でありうる」が，また根源的用法では「〜できる」の日本語が対応します。つまり，話し手の知識・判断を表す場合を認識的用法といい，相手に対する要求を表す場合を根源的用法といいます。法助動詞にあいまい性が認められる例を，以下で観察することにしましょう。

Question

(59)と(60)のあいまい性について説明しなさい。

(59)　Mary must be careful.
(60)　John should be in Tokyo.

(59)と(60)は，それぞれ次のような意味解釈が可能です。

(59-i)　メアリーは慎重であるに違いない。（認識的用法）
(59-ii)　メアリーは慎重でなければならない。（根源的用法）
(60-i)　ジョンは東京にいるはずだ。（認識的用法）
(60-ii)　ジョンは東京にいるべきだ。（根源的用法）

(59-i)の解釈は(59-iii)のような文脈で，また(59-ii)の解釈は(59-iv)のような文脈でなされます。

(59-iii)　Mary must be careful. She never makes a promise easily.
　　　　（メアリーは慎重であるに違いない。彼女は容易に約束をしない。）

(59-iv) Mary must be careful. She often makes careless mistakes.
（メアリーは慎重でなければならない。彼女はよく不注意な間違いをする。）

(60-i)の解釈は(60-iii)のような文脈で，また(60-ii)の解釈は(60-iv)のような文脈でなされます。

(60-iii) John should be in Tokyo. He said he would fly there yesterday.
（ジョンは東京にいるはずだ。昨日彼は飛行機で東京に飛ぶと言っていた。）

(60-iv) John should be in Tokyo. He hasn't finished his job yet there.
（ジョンは東京にいるべきだ。彼はまだ東京での彼の仕事を終えていない。）

練習課題

次の各文のあいまい性について説明しなさい。
(1) You may not stay here.
(2) Dave can come to the party.

11. 慣用表現のあいまい性

ある表現には文字通りの意味解釈に加えて，慣用的な意味解釈が可能であることによって，あいまい性が生じる場合があります。

Question

(61)〜(65)の文字通りの意味と慣用的な意味の両方を答えなさい。

(61) John kicked the bucket.
(62) He pulled Sally's leg.
(63) He cooked her goose.

(64)　I have to tighten my belt.
(65)　Stop beating around the bush.

(61)～(65)には，それぞれ，次のような二つの意味があります。

(61)　　John kicked the bucket.
(61-i)　ジョンはバケツを蹴った。（文字通りの意味）
(61-ii)　ジョンは死んだ。（慣用表現）

(62)　　He pulled Sally's leg.
(62-i)　彼はサリーの足を引っぱった。（文字通りの意味）
(62-ii)　彼はサリーをからかった。(He teased Sally.)（慣用表現）

(63)　　He cooked her goose.
(63-i)　彼は彼女のがちょうを料理した。（文字通りの意味）
(63-ii)　彼は彼女の成功のチャンスを潰した。（慣用表現）

(64)　　I have to tighten my belt.
(64-i)　私は自分のベルトをきつく締めなければいけない。（文字通りの意味）
(64-ii)　私は生活を切り詰めなければならない。（慣用表現）

(65)　　Stop beating around the bush.
(65-i)　藪の回りをたたくのはやめてください。（文字通りの意味）
(65-ii)　遠回しに言うのはやめてください。（慣用表現）

練習課題

次の各文の文字通りの意味と慣用表現としての意味を述べなさい。
(1)　John has to bring home the bacon.
(2)　Let's bury the hatchet.

12. to- 不定詞のあいまい性

この章の最後に，to- 不定詞を解釈する上で生じるあいまい性について見てみることにしましょう。

> **Question**
> (66)のあいまい性について説明しなさい。
>
> (66)　George asked Mary to leave early.

(66)の文では，to- 不定詞の意味上の主語を，George とする解釈と，Mary であるとする解釈の両方が可能です。前者の解釈は，(66-i)に対応し，後者の解釈は，(66-ii)に対応します。

(66-i)　ジョージはメアリーに早退させてくれるように頼んだ。
(66-ii)　ジョージはメアリーに早退するように言った。

この文は，(66-iii)のような文脈では(66-i)の解釈だけが，また，(66-iv)のような文脈では(66-ii)の解釈だけが許されることになります。

(66-iii)　George asked Mary to leave early because he had a terrible headache.
（ひどく頭が痛かったので，ジョージはメアリーに早退させてくれるように頼んだ。）

(66-iv)　George asked Mary to leave early because she looked very sick.
（ジョージはメアリーがとても具合が悪そうに見えたので，彼女に早退するように言った。）

> **Question**
> (67)のあいまい性について説明しなさい。
>
> (67)　Tom asked Susan to attend the meeting.

例えば、次の (67-i) と (67-ii) のような状況を想像してみると分かりやすいでしょう。(67-i) の状況では、to- 不定詞の意味上の主語は Susan であり、(67-ii) の状況では、to- 不定詞の意味上の主語は Tom です。

(67-i)　Tom asked Susan to attend the meeting because he had to make a business trip to New York.
（トムはニューヨークへ出張しなければならなかったので、スーザンに（代理人として）その会議に出てほしいと頼んだ。）

(67-ii)　Tom asked Susan to attend the meeting because it was very interesting for him.
（とても興味深い会議なので、トムは自分に会議に出させてほしいとスーザンに頼んだ。）

練習課題

次の各文のあいまい性について説明しなさい。
(1)　John has plans to leave.
(2)　It is too hot to eat.

第3章

類似表現と意味

　同じ状況を描写する際に，複数の表現ができる場合があります。例えば，「ジョンという人物が花瓶を割った」状況は，能動文を使ったJohn broke the vase. が標準的な表現であるといえるでしょう。しかし，同じ状況を受動文を用いて The vase was broken by John. という表現も可能です。もちろん，能動文と受動文の二つの形式はそれぞれ違った理由で用いられます。簡単に説明すると，話し手がどの視点から事態をとらえているかで，いずれかの形式が選択されるということです。この場合，能動文は，What did John do to the vase? という観点から，また受動文は，What happened to the vase? という観点から，同じ事態がとらえられているのです。このように，形式が違うということは意味が違うということにつながるわけです。

　この章では，さまざまな類似表現の観察を通して，形式が異なれば意味も異なることを見ていくことにします。

1.　名詞

　同じ名詞であってもそれが単数形の場合と複数形の場合とでは意味が異なることがあります。また，同じ名詞が，普通名詞として使われる場合と，抽象名詞あるいは物質名詞として使われる場合とでは，違った意味に

なります。

1-1.　単数名詞と複数名詞

同じ名詞でも，単数形と複数形で意味が違うものがありますから注意が必要です。以下でそのような例を見てみましょう。

Question

(1)と(2)の下線部分の意味の違いを答えなさい。

(1) a.　He assumed a haughty <u>manner</u>.
　　b.　His <u>manners</u> suggest a good upbringing.
(2) a.　Eating with chopsticks is our <u>custom</u>.
　　b.　We went through <u>customs</u> at the airport.

(1a)の manner は「態度」で，文全体は「彼は高飛車な態度を取った。」を意味します。(1b)の manners は「行儀作法」で，文全体は「彼の行儀作法から推測すると育ちがいいのだろう。」を意味します。

(2a)の custom は「習慣」で，(2b)の customs は「税関」です。したがって，(2a)は「お箸で食べるのは私たちの習慣です。」また(2b)は「私たちは空港で税関を通過した。」をそれぞれ意味します。

このような単数形と複数形とで意味が違う名詞には，他に次のようなものがあります。

　　(i)　　arm（腕），arms（武器）
　　(ii)　 effect（結果），effects（動産，個人資産）
　　(iii)　force（力），forces（軍隊）
　　(iv)　 letter（文字），letters（文学）
　　(v)　　spirit（精神），spirits（元気，火酒）
　　(vi)　 part（部分），parts（才能）

1-2.　普通名詞と物質名詞・抽象名詞

　名詞に不定冠詞 a, an が用いられている場合と不定冠詞が用いられていない（ゼロ冠詞の）場合とでは意味が違います。これは，ある名詞に不定冠詞が用いられていると普通名詞として解釈され，不定冠詞が用いられていないと，物質名詞や抽象名詞として解釈されることから生じる意味の違いです。

Question
(3)〜(5)の下線部分の意味の違いを答えなさい。

(3) a.　There is <u>a hair</u> in the soup.
　　b.　She has beautiful long <u>hair</u>.
(4) a.　I need <u>a room</u> with good ventilation.
　　b.　Is there <u>room</u> for her in the car?
(5) a.　She put <u>a glass</u> on the table.
　　b.　This toy animal has eyes made of <u>glass</u>.

　不定冠詞は，「個体性」を表すのに用いられます。つまり(3a)の a hair は，明確な形を持つ１本の髪の毛ですが，(3b)の hair は髪の毛１本ずつの明確な境界線が認識されているわけではなく，全体としてひとまとまりとなっている連続体としての「髪」です。つまり，ある物が単一の「個体性」を持つと認識される場合には，不定冠詞が名詞の前に置かれるのですが，ある物が明確な境界線を持たない物としてとらえられる場合は，不定冠詞は用いられないということになります。

　(4a)の不定冠詞 a を伴う room は普通名詞で「部屋」を，また (4b) のように冠詞を伴わない room は抽象名詞で「空間」「場所」を意味します。(5a)の不定冠詞 a を伴う glass は普通名詞で「コップ」「グラス」を，また (5b) の無冠詞の glass は物質名詞で「ガラス」を意味します。

　　不定冠詞を伴う名詞は，普通名詞として扱われ具体物を表す。不定冠詞を伴わない名詞は，抽象名詞あるいは物質名詞として扱われる。抽象名詞は

抽象物を表し，物質名詞は数えることができない，境界線を明確に引くことができない物質を表す。

練習課題

次の各ペアの下線部分の意味の違いを答えなさい。

(1) a. Her husband is like <u>air</u> to her.
　　b. I hate the way she puts on <u>airs</u>.
(2) a. She had <u>an egg</u> at lunchtime.
　　b. She has <u>egg</u> on her cheek.

2. 代名詞と再帰代名詞

同じ構文に代名詞の単一形（-self の付かない形）と再帰代名詞（-self の付く形）のどちらでも使うことができる場合があります。その際に，代名詞の単一形を使った文と再帰代名詞を使った文との間には，微妙な意味の違いが認められます。

Question

(6)(7)の各ペアの意味の違いを説明しなさい。

(6) a. Tom hid the dictionary behind him.
　　b. Tom hid the dictionary behind himself.
(7) a. Tom pulled the blanket over him.
　　b. Tom pulled the blanket over himself.

例えば，She put the mirror in front of her.（彼女はその鏡を自分の前に置いた。），Tom saw a viper near him.（トムは近くに毒蛇がいるのを見た。），I drew my cloak around me.（私はマントを身にまといつけた。）などに見られるように，通例，「場所」を表す前置詞の後では代名詞の単一形が使われます。また，例えば，Paul was talking to himself.（ポールはひ

とりごとを言っていた。), John aimed the gun at himself.（ジョンは自分に銃を向けた。), Sally kept the whole cake for herself.（サリーは自分の分としてケーキを全部取った。）などに見られるように，「方向」「目的」を表す前置詞の後では，再帰代名詞が使われるのが普通です。しかし，(6a)(6b)や(7a)(7b)のように「場所」を表す前置詞が用いられている場合でも，hideやpullのような「動作」を表す動詞が用いられている場合，人称代名詞は単一形と再帰形のいずれも許されます。

では，これらの場合に関して，himがTomと同一人物である場合について考えてみましょう。実際，次のような含意の違いがそれぞれの例において見られるといわれています。(6a)は，例えば，本は椅子の上にあり，トムがその椅子の前に立っていて辞書を見えなくしているような状況を表しています。一方，(6b)は，トムが手に辞書を持っていてそれを自分の背中の後ろに隠しているような状況を表します。つまり，(6a)では辞書とトムには接触はありませんが，(6b)においては，辞書とトムが物理的に接触しているという含意があることになります。また，再帰代名詞が使われている(7b)は，トムが毛布を引っぱって頭まですっぽり体をおおったような状況を表していますが，(7a)は，単に毛布を体の上に引っぱったと述べているだけで，毛布が頭から足先まで体全体をすっぽりとおおっているのではなく体の上に毛布がかかっているような状況を表します。

以上のように，代名詞と再帰代名詞を使い分けることで微妙に違う意味合いが表現されていることが分かります。

Question

(8a)と(8b)の意味の違いを答えなさい。

(8) a. Tom pulled the rope toward him and won the game.
　　b. Tom pulled the rope toward himself and won the game.

(8a)は，綱引きの場面で（あたかも自然に）綱がトムの方に動いてトムが勝ったような印象を与えます。(8b)は，同じ場面で，トムが自分の

方に綱を引っ張って勝ったことを表します。これは，次の (9a) と (9b) のような「視点」の違いを反映しているとされます。

(9) a. 視点は話し手にあり，綱の動きは話し手の側からとらえられている。
    b. 視点はトムにあり，綱の動きはトムの側からとらえられている。

この「視点」の違いが，単一形を用いるか，あるいは再帰形を用いるかを決定する要因であると考えられています。したがって，(8a) と同様，(6a) と (7a) では，「視点」は話し手にあり，辞書を隠す行為，毛布を引っぱる行為が，それぞれ話し手の側からとらえられていると考えることもできます。また，(6b) と (7b) では，「視点」はトムにあり，辞書を隠す行為，毛布を引っぱる行為が，それぞれトムの側からとらえられていると説明することもできるでしょう。

> ある単文において，先行詞（主語）の後にそれと同一のものを指示する代名詞が置かれる場合，代名詞の単一形と再帰代名詞の両方が許されることがある。代名詞の単一形が用いられている場合は，動詞句が表す行為は「話し手」の側から描写されており，再帰代名詞が用いられている場合は，動詞句が表す行為は「文の主語」の側から描写されている。

練習課題

次の各ペアの意味の違いを答えなさい。
(1) a. She drove the flies away from her.
    b. She drove the flies away from herself.
(2) a. He strung the rope around him.
    b. He strung the rope around himself.

3. 注意すべき所有格表現

第2章の1-2では，John's picture という形式に対して，少なくとも三通りの意味解釈が可能であることを見ました。この節では，形が類似しているものの微妙に意味が違う所有格表現について見ていくことにしましょう。

> **Question**
> (10)(11)の各ペアの意味の違いを答えなさい。
>
> (10) a.　He is a student of Chomsky.
> 　　 b.　He is a student of Chomsky's.
> (11) a.　an impartial estimate of him
> 　　 b.　an impartial estimate of his

(10a)と(10b)は，それぞれ(10a)′(10b)′の意味を表します。

(10) a.′　彼はチョムスキーの研究家である。
　　　　　（one who studies Chomsky's writings）
　　 b.′　彼はチョムスキーの弟子である。
　　　　　（one who studies under Chomsky）

(10a)と(10b)の違いは，of の後の名詞に 's がついているかいないかという点です。(10a)タイプの文は，of の後に続く名詞句が目的格として解釈され，(10b)のように of の後の名詞句に 's がついている場合は，その名詞句は所有格として解釈されます。

(11a)と(11b)はそれぞれ(11a)′と(11b)′の意味を表します。

(11) a.′　彼に対する公平な評価
　　 b.′　彼が下した公平な評価

(11a)のようにofの後に目的格の代名詞が使われると，その代名詞は名詞句の意味上の「目的語」としてとらえられ，一方，(11b)のようにofの後に所有格の代名詞が使われると，それは意味上の「主語」としてとらえられます。

> **Question**
> (12a)〜(12c)の意味の違いを答えなさい。
>
> (12) a. a picture of my brother's
>   b. a picture of my brother
>   c. a picture by my brother

(12a)は「兄が描いた絵／兄が所有している絵」を，(12b)は「兄を描いた絵」を，そして(12c)は「兄が描いた絵」をそれぞれ意味します。

もう少し詳しく説明しましょう。(12a)においては，my brother's は主語，a picture は目的語としてとらえられます。すなわち，a picture which my brother painted（兄が描いた絵），あるいは，a picture which my brother has（兄が所有している絵）のいずれかの解釈が得られるということです。また，(12b)においては，my brother が目的語に相当するととらえられ，「兄を描いた絵」という解釈が得られます。

A of B's(所有格) ⟶ B＝主語，A＝目的語
A of B(目的格)　 ⟶ A＝主語，B＝目的語

> **練習課題**
> 次の各ペアの意味の違いを説明しなさい。
> (1) a. the book of Hemingway
>   b. the book of Hemingway's
> (2) a. Would you show me a picture of the violinist?
>   b. Would you show me a picture of the violinist's?

4. 冠詞

　日本語には冠詞が存在しないので，英文を書く場合に，不定冠詞を用いるべきか，定冠詞を用いるべきであるか，あるいは冠詞を使わない方がよいのか，というような疑問にだれもがぶつかることと思います。

　また，例えば，Do you have the time? と Do you have time? のように定冠詞のあるなしで意味が違う例が存在します。前者は現在の時間をたずねる表現で，What time is it now? とほぼ同じ意味ですが，後者は「ちょっといいですか？」を意味し，相手に時間をさいてもらうように依頼している文です。

　このように，冠詞のあるなしで意味が異なる例が他にも多数存在します。この節では，冠詞のさまざまな用法について観察することにします。

4-1.　冠詞の有無による意味の違い

　例えば，school, court, church などの名詞は，通常は，冠詞を伴って用いられますが，in school, in court, in church などのように場所を表す前置詞句の形では，冠詞を伴わないケースもめずらしくありません。

　これらのような「ゼロ冠詞＋施設（など）の名前（学校，裁判所，教会など）」の形が用いられることによって，単に場所の名前が述べられているのではなく，述べられている場所に関連する「活動」が喚起されるのです。以下で具体的に見ていくことにしましょう。

Question
(13a)～(13c)の意味の違いを答えなさい。

(13) a.　Mike is in **a prison**.
　　 b.　Mike is in **the prison**.
　　 c.　Mike is in **prison**.

(13a)の a prison と(13b)の the prison は，それぞれ不特定の「刑務所」と特定の「刑務所」を表しているだけですが，(13c)は，主語である Mike が現実に囚人として服役していることを述べている文です。つまり，prison が，建物としての存在ではなく，そこで行なわれる「活動」を含意しているということです。

　もし，刑務所の看守（warden）や門番（janitor）として働いている人について述べる場合には，(13c)のような冠詞のない表現は不適切です。また，例えば，夫が囚人となっていてその妻が刑務所を訪ねて来るような場合にも冠詞が必要です（She went to the prison.）。

　また，場所に関して，話し手と聞き手の両方が同じ町の中にいれば，例えば，I think you're the best attorney in town. のように，冠詞は用いられません。

Question
(14a)〜(14c)の意味の違いを答えなさい。

(14) a.　I just heard that Kate is in **a town**.
　　 b.　I just heard that Kate is in **the town**.
　　 c.　I just heard that Kate is in **town**.

　(14a)と(14b)は，話し手である I が Kate とは違う町の中にいる場合の表現です。しかし，(14c)は，I と Kate が同じ町の中にいることを含意しています。

Question
(15)〜(17)の意味の違いを答えなさい。

(15) a.　She goes to **church** on Sundays.
　　 b.　She goes to **the church** on Sundays.
(16) a.　She went to **bed**.
　　 b.　She went to **the bed**.

(17) a. He went to **school**.
　　 b. He went to **the school**.

　(15a) は，「彼女は日曜日に教会に礼拝に行く。」を，(15b) は，「彼女は日曜日に教会に行く。」（その目的は礼拝以外と考えられる）をそれぞれ意味します。(16a) は，「彼女が寝た。」を，(16b) は，「彼女がベッドのある場所へ行った。」をそれぞれ意味します。(17a) は，「彼が学校へ（勉強やクラブ活動などをしに）行った。」ことを，また (17b) は，「その（建物としての）学校へ行った。」ことをそれぞれ表しています。

> 施設などの場所を表す名詞が冠詞と共に用いられると，建物としての具体物を表すが，冠詞を伴わないと，施設などの場所における「活動」を含意する。

[注]　ただし，次の(ib)，(iib)においては例外的に，この一般化があてはまりません。
(i) a.　He is in **hospital**.
　 b.　He is in **the hospital**.
(ii) a.　He will go to **university** next year.
　　b.　He will go to **the university** next year.
　　　cf.　He will go to college next year. ＜米＞

(ia)はイギリス英語でよく見られる表現で，「彼は入院中」であることを意味しますが，同じ内容がアメリカ英語では(ib)のように定冠詞を使って表現されます。(iia)は「彼は来年大学に行きます。」を意味するイギリス英語で，(ia)と同じように，冠詞が使われていません。一方，アメリカ英語の(iib)では，同じ内容が定冠詞を伴って表されます。このように，同じ意味内容がイギリス英語では「ゼロ冠詞＋名詞」の形で，アメリカ英語では「the ＋名詞」の形で表現される傾向があるので注意が必要です。

4-2.　the ＋身体部分を表す語

　英語では，例えば，「私は彼女の頬をやさしくなでた。」を英語に訳すと I patted her cheek affectionately. と I patted her on the cheek affectionately. の二通りの言い方が可能です。ここではこのような二つの型の間に見られ

る意味的な違いについて検討しましょう。

> **Question**
> (18)〜(20)の各ペアの意味の違いを答えなさい。
>
> (18) a. John struck Paul on the head.
>   b. John struck Paul's head.
> (19) a. John took Mary by the hand.
>   b. John took Mary's hand.
> (20) a. John kissed Mary on the cheek.
>   b. John kissed Mary's cheek.

　(18b)は日本語と平行する表現ですが，英語では，(18a)の方が慣用的な表現であるといわれています。(18a)は，私が殴る行為を通してポールという人間に（例えば，心理的な形で）全身的な影響を与えるというようなニュアンスを含みます。一方，(18b)は，単に体の一部であるポールの頭にのみ注意が向けられている表現です。つまり，(18b)型の表現は，行為そのものに焦点を当てている表現なのですが，(18a)型は，行為を受けた対象に（物理的あるいは心理的）影響を及ぼすというニュアンスを伴います。

　(19a,b)および(20a,b)のそれぞれのペアの文に関しても，この説明をそのまま適用することができます。(19a)には(19b)と比べると，ジョンがメアリーの手をとった行為がメアリーに何らかの（例えば，心理的な）影響を及ぼしたという含意が感じられます。(19b)にはそのような含みはなく単に社交辞令としてメアリーの手をとったような状況描写にふさわしいということになります。(20a)と(20b)についても同じような説明が当てはまります。

　以上のような the ＋身体部分を表す他の表現には，例えば，catch 人 by the arm（〜の腕をつかむ），tap 人 on the shoulder（〜の肩をぽんとたたく），kick 人 in the side（〜の脇腹をける），hit 人 in the face（〜の顔をな

4-3. 総称用法

「〜というものは〜である。」というように、ある動物やその他の物に関して一般化した述べ方をしている文を、**総称文**と呼びます。総称文は、不定冠詞あるいは定冠詞を用い作られる場合と、名詞の複数形を用い作られる場合がありますが、それぞれの総称文には使われ方に違いがあります。

Question

(21a)〜(21c)は、いずれも「虎は危険な動物である。」という意味の総称的な表現である。それぞれの意味の違いを答えなさい。

(21) a. **A tiger** is a dangerous animal.
　　b. **The tiger** is a dangerous animal.
　　c. **Tigers** are dangerous animals.

いずれの表現も総称文ですが、細かい意味の違いがあるのでそれを確認しておくことにしましょう。真の意味の総称文は冠詞の無い複数の(21c)です。(21c)は、冠詞がついておらず限定されていませんが、(21a)と(21b)は、冠詞によって限定された総称文となっています。(21a)が総称的に用いられる場合は、虎という種の中の一頭を取り上げて、それが虎という種全体にあてはまる共通の特徴を持つという想定のもとで述べられています。(21a)タイプの文の「a + 名詞」は「any + 名詞」に意味的に近く、「(どの虎を取り上げても)虎は危険な動物である。」ことを表明していることになります。この「a + 名詞」タイプは、「口語的」で「実際的」な表現であるといわれています。(21b)は、「学問的」「抽象的」な記述であり、例えば、百科事典などで使われるのが通例です。また、虎という種全体を代表する用法で、「すべての動物のうちで、虎という種は」という感じで用いられており、他の種との対照・対比(contrast)が意識されている表現が(21b)ということになります。以上のように、同じ総称文であって

も (21a)〜(21c) はそれぞれ意味が微妙に異なります。

4-4. その他

4-1. で見たように，同じ名詞に冠詞が伴う場合と伴わない場合では，意味に違いがあります。以下では，そのような例で，これまで取り上げていないものを見ておくことにしましょう。

> **Question**
> (22)〜(24) の意味の違いを答えなさい。
>
> (22) a.　It's **an eel**.
>   b.　It's **eel**.
> (23) a.　What I like is **a chicken**.
>   b.　What I like is **chicken**.
> (24) a.　George does **the cooking**.
>   b.　George does **cooking**.

(22a) の an eel は，「（頭からしっぽまである）1 匹のうなぎ」を表していますが，(22b) の eel は，「うなぎのかば焼き」など，調理されたうなぎを意味します。(23a) と (23b) に関しても，不定冠詞のついている a chicken は「ニワトリ」を表しますが，冠詞のついていない chicken は「鳥肉（かしわ）」を意味します。本章 1-2. で見たように，不定冠詞が使われる場合は，話し手がある物に「個体性」を認め，はっきりと一つの個体として他の物と区別ができているということです。(24a) のように定冠詞を伴っている the cooking は「非恒常的行為」を表し，(24b) のように冠詞を伴わない cooking は「恒常的行為」を表します。前者は，一度限りの限定された行為であり，後者はそうではないということです。したがって，(24a) は，例えば，たまたまジョージが今日は料理をすることになっている，というような状況で使われますが，(24b) はジョージが職業として料理を作っていることを表す場合に用いられます。

練習課題

次の各ペアの意味の違いを答えなさい。

(1) a. What I like is a whale.
　　b. What I like is whale.
(2) a. Mary went to school yesterday.
　　b. Mary went to the school yesterday.
(3) a. John kissed Mary's hand.
　　b. John kissed Mary on the hand.

5. 形容詞の限定用法と叙述用法

　形容詞には，**限定用法**と**叙述用法**があります。限定用法では，形容詞は名詞の左側に位置し，通例，名詞の恒常的な特性や，名詞を分類する際の手がかりとなる特性を示します。例えば，Kate is a pretty girl. や Mr. Evans gave me a useful suggestion. の，pretty や useful のような用法です。

　一方，叙述用法では，形容詞が文中で補語として用いられます。例えば，She is beautiful. や He looks happy. のように be 動詞などの後に用いられる場合や，I found the movie amusing. や John made Mary happy. のように目的語の補語として使われる場合があります。また，形容詞が名詞の右側に置かれて名詞を修飾する場合も，叙述用法と呼ばれます。例えば，This may be the only means possible. や He tried every means available. における，possible や available のような用法です。この場合，形容詞は名詞の一時的な状態を描写するために用いられます。

　この節では，同じ形容詞が限定用法と叙述用法とでは異なった意味を表すことを観察することにしましょう。

Question

(25)〜(28)の各ペアの下線部の意味の違いを答えなさい。

(25) a. My <u>late</u> father was a carpenter.

b. She was <u>late</u> for school again this morning.
(26) a. The <u>present</u> owner of the house is Mr. White.
b. Many people were <u>present</u> at the meeting.
(27) a. This is a <u>certain</u> fact.
b. She was <u>certain</u> of victory.
(28) a. You should do it after <u>due</u> consideration.
b. The train is <u>due</u> to arrive in New York at 3:00.

(25)〜(28)の各文は，いずれも，a が限定用法，b が叙述用法です。

(25a)は,「最近亡くなった父は大工だった。」を, (25b)は,「彼女は今朝また授業に遅れた。」を意味します。(26a)は,「現在のその家の持ち主はホワイト氏だ。」を, (26b)は,「その会議に多くの人達が出席していた。」を意味します。(27a)は,「これは動かぬ事実だ。」を, (27b)は,「彼女は勝利を確信していた。」を意味します。(28a)の after due consideration は「十分考えた上で」を, (28b)の due to arrive は「到着予定で」を意味します。

Question

(29)〜(31)の各ペアの意味の違いを答えなさい。

(29) a. I like **hot** coffee.
b. I like my coffee **hot**.
(30) a. the **visible** stars
b. the stars **visible**
(31) a. the **navigable** rivers
b. the rivers **navigable** (during the rainy season)

(29)〜(31)の各文も，いずれも，a が限定用法，b が叙述用法です。

(29a)は,「私は熱いコーヒーが好きだ」と述べていますが, (29b)は，ニュアンスとして「今コーヒーを飲むとすれば熱いのがいい」という感じを表しています。(30a)は,「目に見える星」を意味し, (30b)は,「(今晩)

見えている星」を意味します。また，(31a)は，「航行可能な川」を意味しますが，(31b)は，「(雨期の間)一時的に航行可能になっている川」を意味します。

以上のように，同じ名詞を修飾する場合でも，形容詞が名詞の前にくる場合（限定用法）と後にくる場合（叙述用法）では意味が異なります。

> 「形容詞＋名詞」型の限定用法の形容詞は，名詞の「恒常的な」性質を描写する。また，「名詞＋形容詞」型の叙述用法の形容詞は，名詞の「一時的な」性質を描写する。（ただし，叙述用法は，一緒に使われる動詞によっては，名詞の「恒常的な」性質や「結果状態」を描写することもある。）

練習課題

次の各ペアの下線部分の意味の違いを答えなさい。

(1) a. She is an <u>able</u> teacher.
　　b. She is <u>able</u> to speak three languages.
(2) a. He is a <u>responsible</u> person.
　　b. He is a person <u>responsible</u>.

6. 副詞

同じ副詞でも，文の中で置かれる位置によって，意味と機能が異なることがあります。また同じような意味の副詞をどう使い分けるかという問題もあります。この節では副詞の類似表現について検討することにしましょう。

Question

(32)～(35)の各ペアについて，下線部の意味の違いを説明しなさい。

(32) a. <u>Happily</u>, he won one million dollars in the public lottery.

　　　　b.　The girl is smiling <u>happily</u>.
(33) a.　<u>Just</u> sign here.
　　　b.　Sign <u>just</u> here.
(34) a.　I <u>just</u> don't love him.
　　　b.　I don't <u>just</u> love him.
(35) a.　I <u>really</u> don't like him.
　　　b.　I don't <u>really</u> like him.

　(32a)の happily は文全体を修飾する文修飾副詞で，(32b)の happily は動詞句を修飾する動詞句修飾副詞です。したがって，(32a)は，「幸運にも，彼は宝くじで100万ドルが当った。」，(32b)は，「少女はうれしそうに微笑んでいる。」をそれぞれ意味します。

　(33a)は「ただここにサインさえしてくれればよい」ことを表していますが，(33b)は「他でもないこの特定の場所にサインをしてください」ということを意味しています。つまり，前者は All you have to do is to sign here. の意味で，また後者は Sign in this particular spot. の意味で用いられています。(34a)は全否定で「彼を全く愛していない」ことを意味します。一方，(34b)は部分否定で，「彼をただ愛しているだけではない。」すなわち，「彼にぞっこん惚れこんでいる」ことを意味します。

　(35a)のように主語の直後に really が来る場合は，「私は本当に［全く］彼のことは好きではない。」を意味しますが，(35b)は部分否定の文で，「私は彼のことはあまり好きではない。」を意味します。したがって，(35a)は I dislike him strongly. に，(35b)は I dislike him a little. にそれぞれ言い換えることができます。(34)と(35)に共通して認められる点は，どちらも(a)タイプは全否定を，また(b)タイプは部分否定を表すということです。

Question

(35)と(36)の各ペアの意味の違いを答えなさい。

(35) a.　This soup is **fairly** hot.

b. This soup is **rather** hot.
(36) a. Have you read this book **yet**?
   b. Have you **already** read this book?

　(35a)は，話し手は熱いスープが好きで，「このスープはほどほどに熱い」と「プラスの評価」をしている文です。一方，(35b)は，話し手には熱すぎて飲むことができないことを表しています。つまり，(35b)は，「このスープはかなり熱い（ので飲めたものではない）。」と「マイナスの評価」をしている文であるということです。このように，hot, cold, fast, slow のような「よい／悪い」について中立的な語に関しては，話し手は fairly を使って「プラスの評価」を表明し，rather を用いて「マイナスの評価」をします。

　(36a)は，純粋な疑問文で，単に本を読んだか読んでいないかを尋ねる文ですが，(36b)は，本を読んだことは前提となっていて，「もう読んでしまったの，はやいねえ。」という感じを表します。つまり，(36b)は，とてもはやいという「驚き」を表す文であるということになります。

　[注]　already は通例，肯定文で用いられ，yet は通例，否定文や疑問文で用いられますが，これはあくまでも原則です。(36b)で見られるように already が疑問文（や否定文）で使われたり，yet が肯定文で使われたりすることがあります。例を挙げておきましょう。
　　(i) Have you **already** finished? That was quick!（もう終えたのですか？それははやかったですね。）
　　(ii) The little girl is crying **yet**.（その小さな女の子はまだ泣いている。）
　　　（The little girl is still crying. の方が普通ですが，yet を用いると感情的色彩を帯びるといわれています。）

Question

(37a)(37b)の意味の違いを答えなさい。

(37) a. It cost me nearly fifty dollars.
　　b. It cost me almost fifty dollars.

(37a)には「思ったよりも高かった」という気持ちが込められていますが，(37b)は単に「50ドルちかく費用がかかった」ことを意味している陳述文である，という違いがあります。

練習課題

次の各ペアの意味の違いを答えなさい。

(1) a. Stupidly, John drove the truck.
    b. John drove the truck stupidly.
(2) a. Rudely, she spoke only to her husband.
    b. She spoke to them rudely.

7. 動詞

　動詞は，文における心臓部と言ってもよいでしょう。つまり，動詞が文の意味を決定する上で中心的な働きをしているということです。以下で，「動詞＋前置詞＋目的語」と「動詞＋目的語」との意味の違い，「動詞＋to-不定詞」と「動詞＋動名詞」の使い分け，二重目的語構文と与格構文とのニュアンスの相違などについて観察することにしましょう。また，動詞の単純形と進行形，および現在完了形と単純過去形に関して，それぞれの意味が基本的にどのように異なるのか検討します。そして，節の最後にbe受動文とget受動文について触れることにします。

7-1. 「動詞＋前置詞＋目的語」と「動詞＋目的語」

　ここでは，「動詞＋前置詞＋目的語」と「動詞＋目的語」との形式間に見られる微妙な意味の違いについて検討することにします。

Question

(38a)〜(38c)の意味の違いを答えなさい。

(38) a.　The hunter shot at the bear.

b. The hunter shot the bear.
c. The hunter shot the bear dead.

　「動詞＋目的語」型は，動詞の表す意味が，実際，直接的に目的語に影響を及ぼす意味合いを持ち，一方，「動詞＋前置詞＋目的語」型においては，動詞が表す意味は間接的にしか目的語に影響を及ぼさない，という違いが存在します。(38a)の文は，「標的」をその目的語として従える前置詞 at の存在により，単に熊をねらって撃つ行為が表されているだけで，弾が命中したかどうかは不明であることを表しています。(38b)の文は，弾が熊に当たった事実を表しています（が死んだかどうかまでは述べていません）。そして，(38c)の文は，弾が熊に当たり，その結果熊が死んだことを表しています。したがって，次の(39a)と(39b)に見られるように，(38a)の後に，but he missed it. を続けても自然な文が成立しますが，(38b)に同じ表現を続けると自己矛盾を含む容認できない文となるのです。

(39) a. The hunter shot at the bear, but he missed it.
b. *The hunter shot the bear, but he missed it.

Question

(40)〜(43)の各ペアの意味の違いを説明しなさい。

(40) a. He kicked at the ball.
b. He kicked the ball.
(41) a. He pulled on the rope.
b. He pulled the rope.
(42) a. They climbed up the mountain.
b. They climbed the mountain.
(43) a. She swam across the millstream.
b. She swam the English Channel.

　(40a)はボールを蹴ろうとしたが，足とボールとの接触があったかどう

かは不明であることを表しますが，(40b)は，実際に足とボールとの接触があったことを意味します。したがって，(40a)は，He missed making contact. を含意することがあります。

(41a)と(41b)に関しては，前者は，縄を引っぱってはみたが，縄が動かなかった可能性もあることを含意しますが，後者は，実際に縄を引っぱって縄が動いたことを意味します。以上の例からも，動詞が直接に目的語を支配している場合に主語の目的語に対する「働きかけ」が直接的であることが確認できます。

(42a)は，彼らが山の頂上にまでたどり着いたか着かなかったかは不明ですが，(42b)は，彼らが頂上までたどり着いたことを意味します。

(43a)では across の存在により，動詞句 swam across the millstream の内容は誰にでもできそうな容易な内容であることを示しますが，一方，(43b)は難しいことを成し遂げたという含みがあります。

> [注] climb the mountain や swim the English Channel のような「他動詞＋目的語」型の表現であっても，例えば，They climbed the mountain for three hours and reached the point close to the top. のように，期間を表す for three hours のような表現と一緒に使われる場合には，山の完全征服の意味は得られません。したがって，期間を表す副詞句のない，(42a)や(43a)のような表現に限って，行為が貫徹されたことを意味するという点に注意が必要です。

以上のように，同じ動詞が使われていても「動詞＋前置詞＋目的語」の型と「動詞＋目的語」の型とでは違った意味合いを表すことが分かります。

> 「動詞＋目的語」型は，動詞が直接的に目的語に影響を与える意味合いを表し，一方，「動詞＋前置詞＋目的語」型は，動詞は間接的に目的語に影響を与えるにとどまる。

Question

(44)〜(48)の各ペアの意味の違いを答えなさい。

(44) a. John slapped at Paul.
　　 b. John slapped Paul.
(45) a. Sally cut at the cheese.
　　 b. Sally cut the cheese.
(46) a. Mike hit at the cat.
　　 b. Mike hit the cat.
(47) a. Bob caught at the rope.
　　 b. Bob caught the rope.
(48) a. A drowning man will catch at a straw.
　　 b. The drowning man caught the life buoy.

　「動詞＋前置詞＋目的語」は，動詞が間接的に目的語に影響を与えるにとどまる傾向があることから，「動詞＋ at ＋目的語」で「～しようとする」という「試み」の意味を表すことがあります。
　(44a)は「ジョンはポールを平手でぴしゃりと打とうとした。」を，(44b)は「ジョンはポールを平手でぴしゃりと打った。」を意味します。
　(45a)は，「サリーはチーズを切ろうとした。」を，(45b)は「サリーはチーズを切った。」を意味します。
　(46a)は「マイクは猫をたたこうとした。」を，(46b)は「マイクは猫をたたいた。」を意味します。
　(47a)は「ボブは綱をつかもうとした。」を，(47b)は「ボブは綱をつかんだ。」を意味します。
　(48a)はことわざで catch at は「つかもうとする」を意味します。(48b)は「その溺れそうになっている男性は救命ブイをつかんだ。」を意味します。

　［注］「動詞＋ at ＋目的語」は「～しようとする」を意味しますが，動作を表す動詞が例外なくこの形で用いられるとは限りません。例えば，*Nancy touched at the cat. や *Jane kissed at the child. あるいは *Jerry broke at the glass. は，それぞれ「触れようとした」「キスしようとした」「グラスを割ろうとした」などの日本語訳ができそうな感じがしますが，すべて非文法

的な文です。また、この型で使える動詞は chop, hack, chip などのような「切断」の意味を表す動詞類、および beat, punch, strike などのような「打つ」の意味を表す動詞類に限られます。一般に、at を従える動詞類は「動作の結果その対象物に接触する」意味を有する動詞であるといわれています。

「他動詞＋前置詞＋目的語」型は、主語が活動に従事してみるという、「試み」を含意する場合に用いられる。一方、「他動詞＋目的語」型は動作の「完遂」を含意する場合に用いられる。

練習課題
次の各ペアの意味の違いを説明しなさい。
(1) a. John is hunting tigers.
    b. John is hunting for tigers.
(2) a. Tony punched James.
    b. Tony punched at James.

7-2. 似かよった動詞表現の意味の違い

ここでは、同じ動詞が使われていても、表現法が異なれば意味も微妙に異なることを見ていきましょう。

Question
(49a)と(49b)は微妙に違った事態を表現している。その違いを答えなさい。

(49) a. The taxi and the bus collided.
     b. The taxi collided with the bus.

(49a)と(49b)のいずれも「タクシーとバスが衝突した」ことを表す文ですが、微妙な違いがあります。(49a)は、タクシーとバスのどちらもが走っていて、ぶつかった状況を表しています。一方、(49b)は、バスが

走っていた状況と止まっていた状況のどちらの場合も想定できます。要するに，「A and B collide」型は「AとBがともに動いている」場合にのみ使われるのに対し，「A collide with B」型は，「AとBがともに動いている」場合と，Aは「動いている」がBは「静止している」場合の両方を表します。どちらの型を用いるにしてもAは常に「動いている」ものでなければならないのです。したがって，(50a)は問題のない文ですが，(50b)と(50c)は容認できない文ということになります。

(50) a. The car collided with the utility pole.
　　 b. *The car and the utility pole collided.
　　 c. *The utility pole collided with the car.

Question

(51)と(52)の各ペアの意味の違いを答えなさい。

(51) a. Mary took a jump.
　　 b. Mary gave a jump.
(52) a. Mary gave a laugh.
　　 b. Mary had a laugh.

(51)(52)の各文において，動詞は take, give, have が使われていますが，これらは一般的に，**軽動詞** (Light Verbs) と呼ばれています。(51)(52)の各文に見られるように，「take + a + 名詞」，「give + a + 名詞」あるいは「have + a + 名詞」などの動詞句を含む文は，**軽動詞構文**と呼ばれています。

(51a)と(51b)の違いは，前者は意図的な行為を表し，後者は非意図的行為を表す点にあります。つまり，(51a)は，メアリーが飛び上がる意志があって飛び上がったことを意味しますが，(51b)は，思わず飛び上がってしまったことを意味するのです。

(52a)(52b)はともに，メアリーが笑ったことを描写する文ですが，give

a laugh はしばしば「は」と1度だけ声を出して笑うことを表し，have a laugh は1分か2分のあいだ声を出して笑うような場合に用いられます。つまり，give は，ある行為が短い一度きりの感じを与えますが，have は，ある行為に時間の幅があるという含意を与えます。したがって，例えば，Mary gave John a kiss. はメアリーが一度だけチュッとジョンにキスをしたような状況を描写しており，Mary and John had a kiss. はある一定の間メアリーとジョンがキスの行為にふけっていたことを含意するのです。

[注]「give + a + 名詞」型は，(51b)，(52a)に見られるように，思わず知らず出てくる行為を指すだけでなく，意図的な行為も表します。例えば，
   (i) Mary gave a reluctant smile.（メアリーはいやいや微笑んだ。）
   (ii) John gave a warning cough.（ジョンは（注意を促すために）せき払いをした。）

練習課題

次の各ペアの意味の違いを答えなさい。
(1) a. Jane had a cry.
    b. Jane gave a cry.
(2) a. Sally had a shriek.
    b. Sally gave a shriek.

7-3.　「動詞＋to-不定詞」と「動詞＋動名詞」の意味的な違い

　同じ動詞が to-不定詞を従える場合と動名詞を従える場合では意味的な違いが生じることはよく知られています。例えば，to-不定詞と動名詞の違いとしてよく引き合いに出される例に stop smoking と stop to smoke のようなペアがあります。周知のように，動名詞が使われている表現は「タバコをやめる」を意味し，to-不定詞が使われている表現は「タバコを吸うために何かをやめる」，あるいは「タバコを吸うために立ち止まる」を意味します。このように意味がはっきりと区別される場合もありますが，

両者が意味的に微妙に使い分けられる場合もあります。ここでは，そのような微妙な事例について考察を行なうことにしましょう。

> **Question**
> (53)～(57)について，使われる場面や意味の違いを答えなさい。
>
> (53) a.　I like to stay home at weekends.
> 　　 b.　I like staying home at weekends.
> (54) a.　He went on to talk about his plan.
> 　　 b.　He went on talking about his plan.
> (55) a.　It's nice to be young.
> 　　 b.　It's nice being young.
> (56) a.　John continued to paint the wall.
> 　　 b.　John continued painting the wall.
> (57) a.　I tried to write to Meg.
> 　　 b.　I tried writing to Meg.

まず，(53a)と(53b)に関してです。動詞 like は to- 不定詞と動名詞の両方を従えますが，例えば，誰かから週末にどこかに行こうと誘われて，それを断わる時に適切な表現は(53a)であり，実際に現在家で週末を楽しんでいる場合には(53b)が適切な表現です。

(54a)は，「彼は話題を変えて，次に自分の計画について話し始めた」ことを意味し，(54b)は，「彼は自分の計画のことについて話し続けた」ことを意味します。

(55a)は，「(概念として) 若いということはよいことだ」ということを述べている文であるのに対し，(55b)は，「現に (実際) 若いということはよいことだ」と述べている文です。つまり，(55a)は「考え」を述べている文ですが，(55b)は「事実」を述べている文です。

(56a)は，(一度中断した後で) ジョンはまた壁にペンキを塗り続けたことを意味し，(56b)は，(中断せずに) ジョンは壁にペンキを塗り続けた

ことを意味します。

　(57a)は、メグに手紙を書こうとしただけで、まだ書きあげていないような状況を表しています。一方、(57b)は、実際にメグに手紙を書いてみたことを表しています。したがって、(57a)と(57b)にそれぞれ次のようなbut以下の文を続けることができます。

(58) a.　I tried to write to Meg, but I couldn't.
　　 b.　I tried writing to Meg, but she didn't reply.

　一般に、to-不定詞は「未来指向性」「仮想性」を表し、動名詞は「現実性」を表す。

練習課題

次の各ペアの意味の違いを答えなさい。
(1) a.　John started to speak.
　　 b.　John started speaking.
(2) a.　I remember to see her this afternoon.
　　 b.　I remember seeing her somewhere before.

7-4.　直接的関与と間接的関与

　主語が目的語である対象に、直接的に関与しているか、あるいは間接的に関与しているかで、使われる構文が異なります。直接的に関与するとは、主語が直接的に対象に働きかけたり、あるいは直接的な体験を通して対象を知ったり、判断を下したりすることを意味します。間接的に関与するとは、主語が対象に間接的に働きかけたり、間接的な根拠に基づいて対象を知ったり、判断を下したりすることを意味します。

Question

(59a)～(59c)の意味の違いを答えなさい。

(59) a.　I find this chair comfortable.

b. I find this chair to be comfortable.
   c. I find that this chair is comfortable.

　(59a)は，(59b)の to be が省略された形となっていますが，このような文は話し手である I の直接的な体験，例えば，話し手である I が実際に椅子に座ってみた後，その座り心地の良さを述べているような表現としてふさわしいものです。また，that 節を含む(59c)は話し手の直接的な体験からではなく，例えば，友人から聞いた，など，間接的な根拠に基づく椅子に関する判断を表しています。そして，(59b)は，(59a)と(59c)の中間ぐらいの場合の表現です。

Question

(60a)〜(60c)の意味の違いを答えなさい。

(60) a. I consider Maria trustworthy.
   b. I consider Maria to be trustworthy.
   c. I consider that Maria is trustworthy.

　(60)の各文の間の違いも，(59)の場合と同様に説明することができます。すなわち，(60a)は，実際にマリアが信頼できる人物だと判断できるような場面を直接体験した後で使われるのに適した表現です。(60c)は，例えば，話し手が自分の回りの人々のマリアに関する評判からマリアが信頼できる人物であると判断している文です。すなわち，(60c)は，間接的な証拠に基づいて判断が下されている文ということになります。(60b)は，(60a)と(60c)の中間ぐらいの場合の表現です。

Question

(61a)と(61b)の意味の違いを答えなさい。

(61) a. Kate sat the child on the mat.
   b. Kate made the child sit on the mat.

(61a)は，ケイトが直接自らの手で子供を座らせた場面の描写としてふさわしく，(61b)は，ケイトが「座りなさい。」と子供に声をかけることによって，つまり，言葉によって子供を座らせた場面の描写としてふさわしい，という違いがあります。したがって，(61a)は主語の直接的な関与を，(61b)は主語の間接的な関与を表していることになります。

Question

(62a)と(62b)の意味の違いを答えなさい。

(62) a. I heard Bob('s) slapping his sister.
　　 b. I heard that Bob had slapped his sister.

(62a)は，ボブが妹をひっぱたく音を主語のI(私)が直接耳にしたことを表し，(62b)は，that節の内容を人づてに聞いたことを表します。つまり，(62a)は直接的な観察，(62b)は間接的な知識の表現ということになります。

Question

(63a)と(63b)の意味の違いを答えなさい。

(63) a. John ordered Mary to leave the job.
　　 b. John ordered that Mary (should) leave the job.

(63a)は直接的に命令を下している文ですが，一方，(63b)は間接的に命令を下している文です。すなわち，(63a)は，ジョンがメアリーに面と向かって「仕事を辞めろ。」と命令を下すような場面を表しているのですが，一方，(63b)は，ジョンがだれか第三者を介する形で間接的に仕事を辞めるようにメアリーに要請するような場面を表しています。

　　動詞が直接目的語を支配している場合は，文主語は直接目的語である対象に直接関与しているという意味合いがある。一方，動詞がthat節を従えている場合は，文主語はthat節中の主語に間接的に関与しているという

意味合いがある。

［注］ (61b) では the child が make の直接目的語となっていますが, このような使役構文では, She made the child. とだけ言っても意味は不完全であり, 後に sit のような動詞が来てはじめて完結した意味を持ちます。したがって, (61b) と (61a) を比べれば, (61b) の方が文主語の対象への関与は間接的ということになります。

練習課題

次の各ペアの文の意味的な違いを説明しなさい。

(1) a. John expects Mary to pass the exam.
　　b. John expects that Mary will pass the exam.
(2) a. Bob bent the iron bar.
　　b. Bob made the iron bar bend.

7-5. 二重目的語構文と与格構文

次の(64a)の文のように, 動詞が二つの目的語を取っている構文は, 文型としては第4文型の文として分類することができますが, ここでは**二重目的語構文**(Double Object Construction)と呼ぶことにします。また, 前置詞句を用いた(64b)のような構文を**与格構文**(Dative Construction)と呼ぶことにします。それぞれの構文にはそれぞれの存在理由があります。以下で, 両者の違いを見ていくことにしましょう。

Question

(64)～(66)の各ペアの意味の違いを答えなさい。

(64) a. John sent Mary a letter.
　　 b. John sent a letter to Mary.
(65) a. Mr. White taught Sally French.
　　 b. Mr. White taught French to Sally.
(66) a. Amy baked Sam a cake.

b. Amy baked a cake for Sam.

(64a)には，「手紙がメアリーのもとに届いた」という含意が伴いますが，(64b)には，そのような含意はありません。つまり，与格構文の方は「ジョンは手紙をメアリーに（出すには）出した」と述べるにとどまっていて，その手紙がメアリーのもとに届いたということを保証はしないのです。

(65a)には，「ホワイト先生はサリーにフランス語を教え，その結果サリーはフランス語の知識を持っている」というような含意が伴いますが，(65b)にはそのような含意はありません。

(66a)には「サムがケーキを受け取った」という含意が伴いますが，(66b)には必ずしもそのような含意は伴いません。つまり，エイミーはサムのためにケーキを焼いたのですが，彼が必ずしもそれを受け取ったかどうかについては言及していないということです。（ちなみに，(66b)には「エイミーはサムの代わりにケーキを焼いた。」という意味解釈を与えることも可能です。）

二重目的語構文には直接目的語が間接目的語に「所有」される含意を伴うが，与格構文には必ずしもそのような含意は伴わない。

Question

(67a)と(67b)の意味の違いを答えなさい。

(67) a. John gave Mary a bag.
　　 b. John gave a bag to Mary.

ここでは，**新情報**と**旧情報**という観点から(67a)と(67b)を分析することによって，両者の違いを考察してみましょう。新情報とは話し手が聞き手にとって未知であると判断している情報であり，旧情報とは話し手が聞き手にとって既知であると判断している情報です。英語では，通例，普通の文は文頭に旧情報が置かれ，文末に新情報が置かれる傾向があります。つ

まり，聞き手にとって既知である情報から話を進めていき最後に聞き手にとって未知の情報を提供するようにすると，聞き手にとって情報処理の負担が軽くなり，話の内容が理解しやすくなるということです。ごく単純化して述べれば，英語では「旧→新」と情報が流れるのが普通であることになります。

そうすると，(67a)では John gave Mary が旧情報に相当し a bag が新情報に相当すると考えることができます。(67b)では John gave a bag が旧情報に相当し，to Mary が新情報に相当します。新情報は聞き手にとって未知の情報ですから，文の中で一番重要な部分ということになります。つまり，(67a)で話し手が聞き手に一番伝えたい情報は，a bag であり，(67b)では to Mary であるということになります。つまり，話し手が聞き手にとって「ジョンがメアリーに何かをあげたこと」は既知の内容であると判断を下している文が(67a)であり，一方，話し手が聞き手にとって「ジョンが誰かにバッグをあげたこと」が既知の内容であると判断を下している文が(67b)ということになります。したがって，(67a)と(67b)はそれぞれ，What did John give Mary? と Who(m) did John give a bag to? という疑問文に対する答えとして適切な文なのです。(67a)と(67b)の両方の言い回しがあるゆえんです。このように新情報・旧情報の概念を用いて二重目的語構文と与格構文の違いを説明することができますが，この説明は，すでに見た(64)～(66)の各ペアの文にもあてはめることができます。

聞き手にとって未知であると話し手が判断している情報（新情報）が一般的に文末に置かれる。話し手が聞き手にどの内容をいちばん伝えたいかによって，二重目的語構文あるいは与格構文のいずれかが選択される。

［注］重要度の低い情報ができるだけ文頭に近い位置に置かれ，重要度の高い情報ができるだけ文末に近い位置に置かれるというのは，あくまでも原則です。例えば，A: Who loves Sally?　B: **Jim** loves Sally. のようなやりとりにおいては，Jim が A の質問に対する答えなので強勢（太字で表示）が置かれ，Sally よりも重要な情報となっています。

> **練習課題**

次の各ペアの意味の違いを答えなさい。

(1) a. Harry cooked Sally a meal.
　　b. Harry cooked a meal for Sally.
(2) a. Kate showed him some pictures.
　　b. Kate showed some pictures to him.

7-6.　単純形と進行形

動詞の単純形（進行形ではない形）と進行形の意味の違いを，以下で見ることにしましょう。

> **Question**
>
> (68)〜(71)のペアの意味の違いを答えなさい。
>
> (68) a.　George is kind.
> 　　b.　George is being kind.
> (69) a.　The bucket leaks.
> 　　b.　The bucket is leaking.
> (70) a.　Nick lives in San Francisco.
> 　　b.　Nick is living in San Francisco.
> (71) a.　Frank drowned.
> 　　b.　Frank was drowning

(68a)はジョージの親切な人柄（性格）を述べている文ですが，(68b)はジョージが意図的に親切にしている行為を表す文です。つまり，(68b)はジョージの一時的な様子を描写していて，いつになく親切に振る舞っているというニュアンスを伴います。

(69a)はバケツの属性について述べている文であり，「そのバケツはいつも水漏れする」ことを表します。すなわち，(69a)は，It has a hole.（穴があいている）と述べている文なのです。(69b)は「現に水が漏れている

（現在進行中の出来事）」ことを表しています。

　(70a)は，サンフランシスコがニックの「定住地」であることを表していますが，(70b)は，「一時的な居住地」であることを表しているという違いが両者にあります。

　(71a)は「フランクは溺れ死んだ」ことを，(71b)は「フランクは溺れかけていた」ことをそれぞれ表します。

　　　一般に，現在時制の単純形は主語の属性を描写するのに用いられ，過去時制の単純形はある出来事を事実として述べるのに用いられる。また，進行形はある出来事が一時的状況であることを表すのに用いられる。

　［注］　進行形に関してはこれ以外の用法もあります。ここでは一つだけ，近接未来を表す用法を挙げておきます。次のペアの文を比較してみましょう。
　　　　(i)　I'm leaving for Hawaii next week.
　　　　(ii)　I leave for Hawaii next week.
　　(i)は計画に基づいて，目下準備中，例えば，荷造りをしていたり航空券の手配などをしていたりするような場合にふさわしい表現です。一方，(ii)は，ハワイへの出発はスケジュールとして確定しているが，具体的な準備はまだこれからという場合にふさわしい表現です。また，単純形についても上述以外の用法もあります。

練習課題

次の各ペアの意味の違いを答えなさい。
  (1) a.　John is sick.
　　　b.　John is being sick.
  (2) a.　I like your soup.
　　　b.　I'm liking your soup more and more every day.

7-7.　現在完了形と過去形

　現在完了形には様々な意味がありますが，ここではその中からいくつかの例を過去形と比較しながら見ていくことにしましょう。

Question

(72)〜(74)の各ペアの意味の違いを答えなさい。

(72) a. Italy has produced many great artists.
　　 b. Italy produced many great artists.
(73) a. Dave has owned the house for five years.
　　 b. Dave owned the house for five years.
(74) a. During her long life, Sue has visited New York many times.
　　 b. During her long life, Sue visited New York many times.

　(72a)は，イタリアがこれまでに多くの傑出した芸術家を生んできており，イタリアにはこれからも偉大な芸術家を生み出す能力があると判断している文です。一方，(72b)には，そのような主張は含まれておらず，(72b)は，単に過去においてイタリアが多くの傑出した芸術家を生んだという事実を述べている文です。

　(73a)は，「デイブがその家を手に入れてから5年になる」という意味で，その所有の状態は現在にまで及んでいることを表しています。（また，この文には，経験の意味解釈も可能です。すなわち，「デイブは5年間その家を所有したことがある。」）一方，(73b)は，あくまでも「5年間はその家を所有していた」ことが過去にあったという事実を述べているだけです。現在完了形は過去に行なったことや過去の出来事が，「現在」と何らかのかかわりがあることを表現するのです。

　(74a)には現在完了形の has visited が，(74b)には過去形の visited が現れている点のみが二つの文の違いです。過去形が使われている(74b)は，スーが故人であることを表しており，一方，現在完了形が使われている(74a)は，スーがまだ生きていることが前提となっている文です。

> 現在完了形は過去の動作・状態を「現在とのかかわり」という観点からとらえている場合に用いられる。過去形は過去の動作・状態を現在とは切り離して，あくまでも過去のものとしてとらえている場合に用いられる。

> **練習課題**

次の各ペアの意味の違いを答えなさい。
(1) a.　I have finished writing the report.
　　b.　I finished writing the report.
(2) a.　Where have you put my key?
　　b.　Where did you put my key?

7-8.　be 受動文と get 受動文

　同じ受動文でも,「名詞句 + be + 過去分詞 (by + 名詞句)」の形式を持つ受動文は, **be 受動文**と呼ばれ,「名詞句 + get + 過去分詞 (by + 名詞句)」の形式を持つ受動文は, **get 受動文**と呼ばれます。be 受動文と get 受動文の二つの受動文は似た意味を表しますが, 両者にはどのような相違点があるのかを, 以下で検討することにしましょう。

> **Question**

(75a) と (75b) の意味の違いを答えなさい。

(75)　a.　John was run over by a car.
　　　b.　John got run over by a car.

　(75a) と (75b) ともに「ジョンが車にひかれた」ことを表している点では双方に違いはありません。しかし, (75b) は話し手が, 例えば,「する必要のないことをやらかして車にひかれてしまった」というようなニュアンスをほのめかす表現です。
　get 受動文が用いられると, 主語にも「責任」があるという意味合いが感じられるといわれています。He got run over by a car. は He got himself run over by a car. から生まれたと考えることも可能だといわれています。とすると, 車にひかれる事態を自ら招いたという意味合いが感じられることになります。このように, get 受動文が再帰代名詞を含む構文から派生したという仮説に従えば, get 受動文の主語に「責任」あり, とする考え

も不自然ではないでしょう。

一方，be 受動文の(78a)は客観的な態度で，単に事実を述べるのに適しているといわれています。

> **Question**
> (76b)の？は容認性が低いことを意味する。なぜ(76b)は容認性が低いと判断されるのかを答えなさい。

(76) a.　John got run over by a car last week.
　　 b.　?John got run over by a car twelve years ago.

get 受動文は，ある出来事がごく最近(rather recently)起こったことを含意するといわれます。(76a)では last week があるため，ジョンがひかれた出来事が最近のことであることが言い表されています。しかし，(76b)では twelve years ago の存在から明らかに出来事が最近のことではないことから不自然さが感じられるのです。

> **Question**
> (77a)と(77b)の意味の違いを答えなさい。

(77) a.　John's watch was stolen.
　　 b.　John's watch got stolen.

(75a,b)と(76a,b)では主語が人間でしたが，ここでは主語が物です。(77a)では，単にジョンが時計を盗まれた事実が客観的に述べられています。一方，(77b)は，「ジョンがもっと注意していたら彼は時計を盗まれずにすんだはずだ」というニュアンス，すなわち，「ジョンにも責任があった」という意味合いが感じられるといわれています。

　　get 受動文では，主語名詞の「責任性」が含意されている。

　[注]　be 受動文と get 受動文の基本的な違いは，前者は「結果状態」に，ま

た，後者は「動作」あるいは「過程」に意識が置かれていることにあると考えてもよいでしょう。

> **練習課題**

次の各ペアの意味の違いを答えなさい。
(1) a. Paul was fired.
    b. Paul got fired.
(2) a. Sally's bicycle was broken.
    b. Sally's bicycle got broken.

7-9. その他

日本語の「説得する」という動詞と英語の persuade，あるいは，「助ける」と help の間には，意味の違いが存在します。以下でその違いを確認しておきましょう。

> **Question**

(78b)(79b)が容認できない文である理由を答えなさい。

(78) a. Mike persuaded Ann to come.
    b. *Mike persuaded Ann to come, but she didn't come.
(79) a. Mike helped Ann solve the problem.
    b. *Mike helped Ann solve the problem, but she was not able to solve it.

(78a)を日本語に訳すと「マイクはアンに来るように説得した。」となり，特に問題はないように思えます。しかし，「マイクはアンに来るように説得したが，彼女は来なかった。」という内容を，英語で表す時に問題が生じやすいのです。つまり，日本語の感覚でこの内容をそのまま英語に訳してみると，(78b)のようになります。しかし，(78b)は英語としては容認されない文なのです。その理由は，日本語の「説得する」は「行為」

を表すにとどまっていますが，persuade は「結果」まで含み込んでいるからということになります。つまり，persuade は相手が実際に行動するところまでカバーしているということです。したがって，「マイクはアンに来るように説得したが，彼女は来なかった。」は Mike tried to persuade Ann to come, but she didn't come. のように表現しなければならないことになります。

「助ける」と help の関係もこれと同じです。したがって，「マイクはアンがその問題を解く手助けをしたが，彼女は解けなかった。」は (81b) ではなく，Mike tried to help Ann to solve the problem, but she was not able to solve it. のように表現しなければなりません。

Question
(80a)が容認できない理由を答えなさい。

(80) a. *Frank was drowned, but he didn't die.
   b. Frank was going to be drowned, but he didn't die.

動詞 drown は，「結果」まで含み込むので「溺れ死ぬ」ことを意味しますが，日本語の「溺れる」は結果までは含み込みません。この点が drown と「溺れる」の違いです。(80a)は，「フランクは溺れ死んだが，死ななかった。」という矛盾した内容を表しています。一方，(80b)は，「フランクは溺れ死にそうになったが，死ななかった」ことを表すので問題のない文です（本章 7–6 (71a,b) 参照）。

[注] persuade や help と並んで「結果」までカバーする動詞には boil, burn, count, mix, wake などがあります。例えば，「燃やしたけど，燃えなかった。」は *I burned it, but it didn't burn. とは言えませんし，「ジョンを起こしたけど，起きなかった。」は *I woke John, but he didn't wake. とは言えません。

練習課題
次の各文が容認されない理由を答え，正しい表現に改めなさい。

(1) *Kate boiled it, but it didn't boil.

(2) *Bob mixed them, but they didn't mix.

8. 法助動詞と準助動詞

この節では，may，must，can などの法助動詞と have to, be to などの**準助動詞**（Semi-Auxiliaries）について検討することにしましょう。

Question

(81a)と(81b)の意味の違いを答えなさい。

(81) a. You mustn't eat it all.
　　 b. You needn't eat it all.

(81a)では，否定辞 not は must にではなく eat にかかっており，It is necessary that you do not eat it all. を意味します。(81b)では，否定辞は need にかかっており，It isn't necessary for you to eat it all. を意味します。つまり，(81a)は，「それを全部食べてはいけない。」と述べている文です。一方，(81b)は「それを全部食べる必要はない。」と述べており，「全部食べられなければ残してもよい。」ということを含意します。

(81a)のように，法助動詞ではなく本動詞が否定されている場合を**内部否定**（Internal Negation），(81b)のように，法助動詞が否定されている場合を**外部否定**（External Negation）と呼びます。

Question

「私は速く走った。それでバスに間に合った。」という内容を英語で表現すると，(82b)は非文法的であるとされる。その理由を答えなさい。

(82) a. I ran fast and was able to catch the bus.
　　 b. *I ran fast and could catch the bus.

was able to は実現された行為を表しますが，could は過去において 1 回限りの行為 (a single action) が成し遂げられたことを表すために用いることはできません。ただし，「バスに間に合わなかった」を意味する否定文の couldn't catch the bus. を続けた，I ran fast but couldn't catch the bus. は文法的な文です。また，I used to ran fast and could always catch the bus. のように，習慣的または反復された行為を指示する場合には could が使用可能です。実際は，「私は速く走った。それでバスに間に合った。」に対応する自然な英語は I ran fast and caught the bus. でしょう。

Question

(83a) と (83b) の意味の違いを答えなさい。

(83) a. The road may be blocked.
      b. The road can be blocked.

may と can の両方が「可能性」を表すことができますが，may は「実際的な可能性」を，can は「理論的可能性」をそれぞれ意味します。つまり，(83a) は，現実問題として「道路が閉鎖されている可能性」を述べている文であり，(83b) は，理屈の上でそのような可能性があることを述べている文であることになります。(83a) は次の (83a-i) のように，また (83b) は (83b-i) のように言い換えが可能です。

(83a-i)   Perhaps the road is blocked.
(83b-i)   It is possible to block the road.

Question

(84a) と (84b) の意味の違いを答えなさい。

(84) a. My daughter must be back by ten o'clock.
      b. My daughter has to be back by ten o'clock.

must を含む(84a)は，例えば，話し手が父親であるような場合に適切です。つまり，(84a)は，父親が娘の外出を案じて言っているような文であり，話し手の見地からの強制を表しています。一方，(84b)は，例えば，寄宿舎の門限が10時になっているような場合に用いられる文であり，外的事情による強制を表します。

Question

(85a)と(85b)の意味の違いを答えなさい。

(85) a. You must stop drinking.
　　 b. You ought to stop drinking.

must は強い義務・必要を表しますが，ought to は弱い義務・必要を表します。(85a)は話し手が相手に対して権力を行使して，命令を下している文ですが，(85b)は相手に対して助言をしている文であり，話し手は自分の言うように相手が行動するかどうか完全に自信があるわけではないという含みがあります。must と ought to の中間に need to が位置するといわれています。ちなみに，義務の強さを順に並べると，must > have to > need to > ought to > should となり，一番強いのが must で，一番弱いのが should ということになります。

次に法助動詞 may について考えましょう。may には「〜かもしれない」という意味を表す認識的用法と，「〜してもよろしい」という意味を表す根源的用法があります。

Question

話し言葉において，may の認識的用法と根源的用法はどのように区別できるか，She may go there next week. を例にとって答えなさい。

認識的用法の may は強勢を受けますが，許可を表す根源的用法の may は通例，強勢は受けません。したがって，口語英語では次の(86a)と(86b)に見られるように，あいまい性は生じないことになります（大文字は強勢

(86) a. She MAY go there next week.
　　　（彼女は来週そこに行くかもしれない。）
　　b. She may go there next week.
　　　（彼女は来週そこに行ってもよろしい。）

Question
(87a) と (87b) の意味の違いを答えなさい。

(87) a. He is to return to Germany tomorrow.
　　b. He has to return to Germany tomorrow.

　いずれの文も「彼は明日ドイツに戻らなければならない。」と日本語に訳すことが可能ですが，次のような違いが存在します。(87a) は，彼がはっきりとしたドイツに戻る命令を受けたことを表しています。(87b) は，例えば，資金切れ，あるいは明日切符が無効になる，といったような事情でドイツに戻らなければならないことを表しています。

　ちなみに，will にも「命令」を表す用法があり，例えば，「その仕事を 7 時までには終えるのだ。」は You will finish the job by 7 o'clock. のように表現されます。これは話し手が相手に直接命令を下している文です。

　また，You are to finish the job by 7 o'clock. も可能ですが，この場合は，話し手以外の第三者による命令を表します。

Question
(88a) と (88b) の意味の違いを答えなさい。

(88) a. I will see him tomorrow.
　　b. I'm going to see him tomorrow.

　(88a) も (88b) も「明日彼に会う」ことを述べているのですが，will が使われている (88a) は「発話時での決意・決心」を表しており，(88b) は，

「すでに決定済みの意図」を表すところに違いが存在します。具体的には，例えば，will は，「そういうことなら彼に明日会おう」というような思いつきを表すのに適しており，be going to は，彼と会う約束をすでにしており，明日約束通りに会うつもりであることを述べるような場面で，適切であるということです。

練習課題

次の各ペアの意味の違いを答えなさい。
(1) a.　She should be Sue.
　　b.　She must be Sue.
(2) a.　You must go there.
　　b.　You have to go there.

9.　前置詞

前置詞には空間を表すものや時間を表すものなどがありますが，空間的な意味が元になって時間的な意味が生まれ，さらに様々な抽象的あるいは比喩的な意味が生まれています。この節では，頻度の高い前置詞に的を絞って，それらについて観察していきます。

前置詞を用いてある場面や状況を描写する場合，決して機械的に前置詞が選択されているわけではありません。以下で，前置詞の選択には，話し手の場面や状況の見方がかかわっていることを観察しましょう。

9-1.　場所の前置詞

場所を表す前置詞でお馴染みのものは，in や at でしょう。ここでは，in と at などを検討し，話し手がある場所（空間）をどのように認識するかによって，選択される前置詞が変わることを見ていくことにします。

> **Question**
>
> (89a)と(89b)の意味の違いを答えなさい。
>
> (89) a. Paul is in New York now.
>   b. Paul is at New York now.

(89a)と(89b)を比べると，話し手の事態のとらえ方の違いが前置詞の選択に反映されています。話し手がある場所を「容器」(container)ととらえている場合には in を用いますが，その場所を「地点」(point)ととらえている場合には at を用いるのです。

(89a)の言い回しが一般的によく用いられますが，(89b)のような表現も可能です。例えば，ポールが世界旅行をしている最中にあるとしましょう。そして，出発点がロンドンでヨーロッパ各地を転々とした後で現在はアメリカを旅行中といった状況下では，ニューヨークが旅行中の1地点としてとらえられ，その結果，使われる前置詞は at のほうが適切であることになります。したがって，We stopped to refuel at Hawaii on our way to San Francisco. のような表現も可能です。

> **Question**
>
> (90a)と(90b)の意味の違いを答えなさい。
>
> (90) a. George was at a fight.
>   b. George was in a fight.

(90a)は，ジョージが単にけんかの現場に居合わせたことを述べているのに対して，(90b)は，ジョージが積極的にけんかに加わっていたことを暗示する点で，両者は微妙に違うといえるでしょう。

(90b)を直訳すれば，「ジョージはけんかの中にいた。」となりますから，すっかり容器として見立てられたけんかの中にいたということは，とりもなおさずジョージがけんかの当事者であったとする読みに自然に導かれます。

Question

(91) (92) の各ペアの意味の違いを答えなさい。

(91) a. John is at the supermarket.
　　 b. John is in the supermarket.
(92) a. She is at Oxford.
　　 b. She is in Oxford.

　(91a) ではスーパーマーケットが地点としてとらえられていますが，(91b) はジョンがスーパーマーケットの店内にいるような場合の表現です。(91a) は，発話時点で話し手がスーパーマーケットにはいない（例えば，もう家に帰っている）場合には自然な表現です。(91b) は，発話時点で話し手が店内にいるか店の外にいる状況下での表現としてふさわしいとされます。

　また，ある場所を点的な存在ととらえれば，at が選択され，ある場所を空間的な広がりを持った存在ととらえれば in が選択されるのが通例です。つまり，Oxford は (92a) では「オックスフォード大学」を，また (92b) では「オックスフォード市」として理解されるのが普通ということです。したがって，(92a) は「彼女はオックスフォード大学の学生である。」を，(92b) は「彼女はオックスフォード市にいる。」をそれぞれ意味することになります。

Question

(93)〜(96) の各ペアの文の意味の違いを答えなさい。

(93) a. Sue's in the bus over there.
　　 b. Sue will be on the next bus.
(94) a. We sat on the grass.
　　 b. We sat in the grass.
(95) a. I walked across the grass.
　　 b. I walked through the grass.

(96) a. We live near the sea.
　　 b. We live by the sea.

　（特に，静止している）バス，電車，飛行機のような乗り物は「容器」「入れ物」として解釈できるので(93a)のように in が用いられますが，乗り物がはっきり「輸送手段」として感じられる時には(93b)のように on が用いられます。

　(94a)の on the grass は，on が「接触」を表しますから「草に接触した状態」が述べられています。つまり，(94a)は，「わたしたちは（お尻で踏んで）草の上に座った」ことが述べられていることになります。(94b)では in が使われていますから，grass は volume（体積，容積）があるものとしてとらえられています。したがって，(94a)では「草が短い」ことが，(94b)では「草が長い」ことが暗示されています。

　同様に，(95a)は「草が短い」状況を，(95b)は「草が長い」状況を表します。ただし，through は草がそこを通り抜ける人よりも高いということを前提とはしていません（草は膝ぐらいまでの高さでも through と表現できます）。

　(96a)は「海の近くに住んでいる」ことを，(96b)は「海のそばに住んでいる」ことをそれぞれ意味し，(96b)のほうが(96a)よりもいっそう海に近いという意味合いになります。つまり，by X と near X を比べると，by の方が X への距離が近いということです。

9-2.　その他

　動詞が同じであっても，使われる前置詞次第で意味が変わる場合があります。ここでは特に注意するべき表現をいくつか確認しておきましょう。

Question

(97)～(101)の各ペアの意味の違いを答えなさい。

(97) a. Ken spoke about American history.

　　　　b.　Ken spoke on American history.
(98) a.　John is tired from the work.
　　　　b.　John is tired of the work.
(99) a.　Peter shouted at me.
　　　　b.　Peter shouted to me.
(100) a.　He thought of the problem.
　　　　b.　He thought about the problem.
(101) a.　I'll be here by 5 p.m.
　　　　b.　I'll be here till 5 p.m.

　(97a)は，ケンがアメリカ史のことをくだけた会話で話したような場合に適する表現ですが，(97b)は，ケンがアメリカ史について講義を行なったような場合に適する表現です。つまり，about は「一般的な内容」に言及する際に用いられ，一方，on は「専門的な内容」に言及する際に用いられます。したがって，例えば，a book about American history は一般読者向けにアメリカ史のことが書かれている本ですが，a book on American history はアメリカ史に関する専門書ということになります。

　be tired ～は，(98a)のように from が使われている場合は「仕事に疲れた」ことを表しますが，(98b)のように of が使われている場合は「仕事に飽きた」ことを表すという意味の違いがあります。

　(99a)は，「ピーターが私に腹を立てていた」ことを暗示し，(99b)は，「ピーターが離れた所にいる私にコミュニケーションをとろうとして大きな声を上げた」ことを暗示します。つまり，(99a)は「怒鳴り声を上げた」ことを意味しますが，(99b)は「大声で叫んだ」ことを意味します。

　(100a)は，「彼はその問題のことを思い出した」ことを意味し，(100b)は，「彼はその問題のことをとくと考えた」ことを意味します。つまり，think of は「～を思い出す」，think about は「～について考える」という意味を表すということです。

　(101a)は「私は5時までにはこちらに来ている。」を，(101b)は「私は

5時までここにいる。」をそれぞれ意味します。つまり，by は「（未来のある時）までに（は）」という行動・状態の完了時点を示すのに対し，till は「（未来のある時）まで」継続した状態の終点を示します。したがって，till は継続を表す動詞と一緒に使われますが，瞬間を表す動詞と一緒に使うことはできません。例えば，I'll come here by [*till] 5 p.m., I'll stay here till [*by] 5 p.m. となります。

> **練習課題**

次の各ペアの意味の違いを答えなさい。

(1) a.　John is standing in the street.
　　b.　John is standing on the street.
(2) a.　The carp is in the water.
　　b.　The carp is under the water.
(3) a.　The cloth is on the table.
　　b.　The cloth is over the table.

10.　関係詞構文

この節では，関係詞構文について検討することにしましょう。

> **Question**

(102)〜(104)の各ペアの意味の違いを答えなさい。

(102) a.　John has two daughters who have not married yet.
　　　b.　John has two daughters, who have not married yet.
(103) a.　The people who live in this town are kind.
　　　b.　The people, who live in this town, are kind.
(104) a.　The travelers who knew about the floods took another road.
　　　b.　The travelers, who knew about the floods, took another road.

(102a)には，結婚をしていない娘二人の他にも娘がいるという含意があります。一方，(102b)は，娘が二人だけしかおらず，その娘二人が未婚であることを意味します。(102a)のように関係詞節が先行詞に対してその意味を制限(限定)する場合を**制限用法**，(102b)のように先行詞に対して追加的な説明をする場合を**非制限用法**と呼びます。非制限用法では，先行詞が関係詞節から独立しており，ゆえに先行詞と関係詞節がコンマで区切られているのです。

(103a)には制限用法の関係詞節が用いられており，「この町に住んでいる人の中には親切ではない人もいる」ことを含意します。一方，(103b)には非制限用法の関係詞節が使われており，「この町に住んでいる人々全員が親切である」ことを意味します。

同様に，(104a)には制限用法の関係詞節が使われており，「洪水のことについて知っていた人だけが別の道を選んだ」ことが分かります。つまり，別の道を選ばなかった旅人もいることが含意されています。一方，(104b)には非制限用法の関係詞節が使われており，(104b)は，「旅人たちは全員が洪水のことを知っていた」ことを含意しています。

Question

(105)と(106)の各ペアの意味の違いを答えなさい。

(105) a. John was wearing the same jacket that I had on.
　　　b. John was wearing the same jacket as I had on.
(106) a. The watch John bought has been stolen.
　　　b. A watch John bought has been stolen.

(105a)も(105b)もともに「ジョンは私が着ているのと同じジャケットを着ていた」ことを表しますが，同じであることを話し手が強く感じている場合の表現が(105a)であり，弱く感じている場合の表現が(105b)です。

［注］　通例「同種」のものを表す場合には the same ... as が用いられ，「同一物」を表す場合には the same ... that が用いられるとされています。しか

し，実際は，いずれの表現も同種類のものに言及する場合がほとんどであり，同一物指示は，むしろ例外的です。このことは日本語でも，「AとBは同じ」と表現しても，AとBが同一物ではなく同種類のものである場合が圧倒的に多いことと，事情は同じでしょう。(例:「君の時計，彼のと同じだね。」)

(106a)から，ジョンは腕時計を一つ買い，それが盗まれてしまったことが分かりますが，(106b)からは，ジョンが複数の腕時計を買い，その中の一つが盗まれてしまったことが分かります。(106a)は John's watch を，また(106b)は a watch of John's を想起させる文です。

[注] He greeted me with warmth. では，warmth は抽象名詞なので冠詞は必要ありませんが，関係詞節が後に続いて warmth を修飾する場合には，冠詞が必要になります。

(i) He greeted me with a warmth that was surprising.
(ii) He greeted me with the warmth that I was accustomed to.

(i)は「彼はびっくりするような温かさで迎えてくれた。」を意味し，(ii)は「いつもの温かさで彼が迎えてくれた」ことを表します。(i)では話し手は「びっくりするような温かさ」を未知のこと，すなわち新情報として受けとめているために，不定冠詞が用いられています。(ii)では話し手は「温かさ」を馴染みのあるもの，すなわち旧情報として受けとめているので，定冠詞が用いられています（本章7-5.参照）。

練習課題

次の各ペアの意味の違いを答えなさい。

(1) a. John has four cousins who became teachers.
    b. John has four cousins, who became teachers.
(2) a. The students who take this course are cheerful.
    b. The students, who take this course, are cheerful.

11. 接続詞構文

接続詞を含む構文には様々なものがありますが，この節では，その中から特に注意すべきものに的を絞って考察することにします。

Question

(107)〜(112)の各ペアの意味の違いを答えなさい。

(107) a. Do you know whether John has arrived?
    b. Do you know that John has arrived?
(108) a. Don't call me unless there is something new.
    b. Don't call me if there isn't anything new.
(109) a. I'm going out, even if it rains.
    b. I'm going out even though it's going to rain.
(110) a. If Peter is honest, he will tell the truth.
    b. If Peter were honest, he would tell the truth.
(111) a. They respect Mary as well as he.
    b. They respect Mary as well as him.
(112) a. As I left the house, I remembered the key.
    b. When I left the house, I remembered the key.

(107a)は，話し手がwhether節の内容が真であるかないか確信がない場合の表現ですが，(107b)は，that以下の内容を事実として知っている場合に使われる表現です。(107a)は，「ジョンが到着したかどうか知っていますか」ということを，(107b)は，「ジョンが到着したことを知っていますか」ということを意味します。

(108a)と(108b)はともに「何か新しいことが起こらない限り電話をしないで下さい。」を意味しますが，unlessが使われている(108a)には何かが起こる可能性は低いという話し手の判断が伴います。この点で，両者は

異なります。

　(109a)は,「雨が降るか降らないかは分からないが，降ろうが降るまいが私は出かけるつもりである」ことを表していますが，(109b)は,「雨がこれから降るけれども，それでも私は出かけるつもりである」ことを表しています。つまり，(109a)は条件文で，(109b)は譲歩文です。

　条件節の表す条件には**開放条件**(Open Condition)と**却下条件**(Rejected Condition)の2種類があります。if節の内容の真偽や成立についてはなんら断定されておらず中立的である場合を開放条件といい，述語動詞は直説法の形が用いられます。これに対して，if節の内容が事実に反する条件を表している場合を却下条件と呼び，仮定法過去(仮定法過去完了)が用いられます。

　したがって，(110a)のif節は開放条件を表し,「ピーターが正直だ」とも「ピーターが正直でない」とも断定していません。つまり，(110a)は，ピーターが正直であるかそうでないかは分からないが,「もし彼が正直なら真実を話さないことはありえない」ことを述べている文ということになります。一方，(110b)は,「ピーターが正直でない」ということが前提となっており，却下条件を含む文です。つまり,「ピーターは正直ではないが，もし正直であったなら，真実を話すのだろうが」ということを意味します。

　as well as の後に来る代名詞の格は，それが意味上の主語ならば主格になり，意味上の目的語なら目的格となります。(111a)は，They respect Mary as well as he [does]. ということですので,「彼と同様，彼らもメアリーを尊敬している」ことを意味します。(111b)は，They respect Mary as well as [they respect] him. ということですので,「彼らは彼を尊敬しているだけではなくメアリーのことも尊敬している」ということを表しています。

　(112a)は，家から出てまだ玄関先あたりで鍵のことを思い出した感じを表しますが，(112b)は，完全に家を出てしまっている感じを表します。つまり，as節の方がwhen節よりも主節であるI remembered the keyと

の「同時性」の意味合いが強いということになります。

練習課題

次の各ペアの意味の違いを答えなさい。
(1) a.　Mary helped him as well as I.
　　b.　Mary helped him as well as me.
(2) a.　You needn't come here if there isn't anything strange.
　　b.　You needn't come here unless there is something strange.

12.　IT 構文, THERE 構文

　この節では、形式主語の it を伴う構文と、形式主語の there を伴う構文の類似表現について検討することにしましょう。

Question

(113a)〜(113c)の意味の違いを答えなさい。

(113) a.　Ann was foolish to go there alone.
　　　b.　It was foolish for Ann to go there alone.
　　　c.　It was foolish of Ann to go there alone.

　(113)の三つの文はすべて、「アンが一人でそんなところに行ったことは馬鹿だった」ことを述べています。しかし、これらの文は全く同義というわけではありません。(113a)は主語であるアンという人物が「愚かだった」と述べているのに対し、(113b)は主語であるメアリーの行為が「愚かだった」と述べています。(113a)はアンの愚かさを露骨に表現していて、きつい(harsh)響きがしますが、(113b)は(113a)に比べて柔らかい婉曲的な表現という違いがあります。このタイプの構文の典型的な例は、「It + be + important [necessary, useful, etc.] + for + 人 to-不定詞」の型の構文です。

学校文法では，(113c)タイプの「It ＋ be ＋形容詞＋ of ＋人＋ to- 不定詞」の構文には，人物を評価する kind, nice, good, cruel, clever, stupid, wise などの形容詞がおさまると教えられます。しかし，厳密にいえば，このタイプの構文は，人物と行為の両方を修飾する形容詞がおさまるのです。したがって，(113c)はアンという人物および彼女の行為の両方が foolish だと述べている文だといえるでしょう。

a)「主語＋ be ＋形容詞＋ to- 不定詞」タイプの構文では形容詞は主語を修飾する。

b)「It ＋ be ＋形容詞＋ for ＋人＋ to- 不定詞」タイプの構文では形容詞は行為（to- 不定詞）を修飾する。

c)「It ＋ be ＋形容詞＋ of ＋人＋ to- 不定詞」タイプの構文では形容詞は人と行為（to- 不定詞）の両方を修飾する。

また，(113a)タイプの表現は露骨さを伴いますから，例えば，You are very kind to let us use your pool. は普通の表現ではありません。親切な行為に対して礼を言う表現としては，むしろ，That's very kind of you (to let us use your pool). のような表現が好まれます。

Question

(114)～(117)の各ペアの意味の違いを答えなさい。

(114) a. It is time for us to go.
　　　b. It is time we went.
(115) a. It was possible for him to walk to school.
　　　b. It was possible that he walked to school.
(116) a. Across the street is a restaurant.
　　　b. Across the street there's a restaurant.
(117) a. Many students are in all the courses that I'm offering this year.

b. There are many students in all the courses that I'm offering this year.

　(114a)と(114b)はともに，「そろそろおいとまする時刻です。」を意味します。しかし，(114a)はおいとまする時間がちょうどやって来たような場合に，一方，(114b)はおいとまするべき時間が少し過ぎているような場合に用いられます。(114b)では仮定法過去の went の形が使われていますが，それは発話時点で「おいとますることがすでに過去のことになっていなければならないのだが」という話し手の気持ちが表明されています。また，「おいとまする時間がとっくに過ぎてしまっている」という気持ちは It's high time we went. で表すことができます。

　(115a)のような to- 不定詞を伴う構文において，possible は「能力」を表しますが，(115b)のような that 節を伴う構文では possible は「可能性」を表します。したがって，(115a)は，「彼には歩いて学校に行く能力があった」ということを述べており，(115b)は，「恐らく彼は歩いて学校に行ったであろう」ということを述べていることになります。

　[注]　例えば，It is possible for us to solve the problem. と言えますが，*We are possible to solve the problem は不可であり，We are able to solve the problem. と言わなければなりません。ただし，動詞が know のような状態動詞の時は，to- 不定詞を伴う構文でも「可能性」の意味を表すことがあります。例えば，It's possible for him to know the answer.（彼は答えを知っているかもしれない。）のような例に注意。

　(116a)と(116b)の違いは there の有無にありますが，(116a)のような there がない文は，あるものを聞き手に見える所に示す場合に，また there を含む文は，あるものを聞き手の意識に上らせるような場合に用いられます。その証拠に，「確か，レストランが通りの向こうにあります。」に相当する英語は次の(116-ii)であり，there のない(116-i)は文法的な文とはみなされません。しかし，(116a)タイプは聞き手に見える場合に用いられるので，(116-iii)は自然な文です。

(116-i)   *As I recall, across the street is a restaurant.
(116-ii) As I recall, across the street there is a restaurant.
(116-iii) As you can see, across the street is a restaurant.

したがって，次のペアの意味の違いに関しても同様の説明があてはまります。

(116-iv) In my right hand is a key.
(116-v) In my right hand there's a key.

(116-iv)は，話し手が右手を差し出して鍵を聞き手に見せている場面を表していますが，(116-v)は，話し手が右手を相手に見えないようにしながら「私の右手の中に鍵がある」と言っているような場面を表しています。

(117a)は，二通りの解釈が可能なあいまいな文です。一つは，「同じメンバーからなるたくさんの学生たちがすべてのコースに出席している」という解釈，もう一つは，それぞれのコースに出席している学生が必ずしも同じメンバーであることを要しない，という解釈です。一方，THERE構文の(117b)に関しては，同じメンバーではない多数の学生がバラバラにすべてのコースに出席している，という解釈のみを許します。つまり，(117b)は(117a)の二番目の解釈しか許さないのです。

練習課題

次の各ペアの意味の違いを答えなさい。

(1) a. It is time for you to study English harder.
    b. It is time you studied English harder.
(2) a. It was possible for her to run to the station.
    b. It was possible that she ran to the station.

13. 否定構文

この節では，否定構文における類似表現を見ることにしましょう。

> **Question**
>
> (118)〜(122)の各ペアの意味の違いを答えなさい。
>
> (118) a. John is no fool.
>   b. John isn't a fool.
> (119) a. I didn't listen to some of the CDs.
>   b. I didn't listen to any of the CDs.
> (120) a. Didn't anyone come last night?
>   b. Didn't someone come last night?
> (121) a. None of the students passed the exam.
>   b. Some of the students didn't pass the exam.
> (122) a. I don't think he'll come to the party tonight.
>   b. I think he won't come to the party tonight.

(118a)では，fool が否定されていますが，(118b)では，文全体が否定されています。(118a)は，「ジョンは馬鹿どころではない（天才的だ）」ということを意味し，(118b)は，「ジョンは馬鹿ではない［かといって，賢いとはかぎらない］」ことを意味します。

[注] 次のペアも微妙に意味が違うことも確認しておくことにします。

　　(i) He isn't a fool.
　　(ii) He's not a fool.

(i)はすでに見たように文否定の例で，(ii)は not が fool という名詞を否定している例です。(ii)の 's not 型のほうが(i)の isn't 型よりも強意的であるといわれます。したがって，(i)は単に「彼は馬鹿ではない」と述べている文であるのに対し，(ii)は「馬鹿どころかその反対の類いの人だ」と述べている文であり，He is no fool. とほぼ同じ意味を表します。

(119a)では I [didn't listen] to some of the CDs. と動詞句が否定されていて，I listened to some. が含意されています。一方，(119b)では [I didn't listen to any of the CDs]. と文全体が否定されていて，I listened to none を意味します。すなわち，(119a)は「CD の中の何枚かは聞かなかった」ことを意味し，(119b)は「どの CD も聞かなかった」ことを意味するわけです。

(120a)は，昨夜だれも来なかったことに対して驚きや意外性を表す文です。例えば，訪問者があると思っていたのにだれも来なかった，というような状況下でこのような文が使われます。

また，(120b)のように否定辞を含み，しかも someone が用いられている文は，疑問文として機能しているというよりも，むしろ，「きっと昨夜だれかがやってきたはずだ」という不審の気持ちの表明に使われます。ちなみに，Did someone come last night? は，肯定的な答えを期待するときに用いられます。

なお，Did anyone come last night? は純粋な疑問文で，yes か no を期待する文です。

(121a)は「学生のだれも試験に合格しなかった」ことを意味しますが，(121b)は「学生の中には試験に合格しなかった人が何人かいた」ことを意味します。つまり，(121a)は，文全体が否定されている例であり，(121b)は動詞句が否定されている例であるということです。

(122a)は断定を避けた丁寧な印象を与える表現であり，(122b)は断定的で自信たっぷりの表現であるといわれています。このことは，それぞれの文を日本語に訳してみると分かりやすいでしょう。(122a)は「私は今夜彼はパーティーに来るとは思わない。」，(122b)は「私は今夜彼はパーティーに来ないと思う。」となり，(122a)が柔らかい印象を与えるのに対し，(122b)は断定的で自信たっぷりな響きを与えることが分かります。つまり，「来るとは思わない」のほうが「来ないと思う」よりも断定を避けた当たりの柔らかい表現だということです。このような理由から，実際の場面では，(122a)のように主節に否定辞 not を含んでいるタイプの文が好まれる傾向があるようです。

Question

(123)～(128)の各ペアの意味の違いを答えなさい。

(123) a. I hope she'll not come.
　　　b. I don't hope she'll come.
(124) a. Many students didn't pass the exam.
　　　b. Not many students passed the exam.
(125) a. Not all the students passed the exam.
　　　b. All the students didn't pass the exam.
(126) a. With no job would Paul be happy.
　　　b. With no job, Paul would be happy.
(127) a. Tom doesn't go to town very often.
　　　b. Very often Tom doesn't go to town.
(128) a. Jack is not happy.
　　　b. Jack is unhappy.

　(123a)は「彼女は来ないといいな。」を意味しますが，(123b)は「彼女が来るようには思えないな。」を意味します。このように，主節を否定する場合と従属節を否定する場合では，意味が異なるのが通例です（think, suppose, believe, expect などのような意見や推測を表す動詞を除く）。例えば，I didn't promise to help him. は「彼の手助けをするとは約束しなかった。」を意味しますが，I promised not to help him. は「彼の手助けをしないことを約束した。」を意味します。また，I didn't tell her I would help her. は「彼女の手助けをするとは言わなかった。」を意味しますが，I told her I wouldn't help her. は「彼女の手助けはしないと言った。」を意味します。

　(124a)は「試験に合格しなかった学生がたくさんいた」ことを意味しますが，(124b)は「試験に合格した学生は多くない」ことを意味しています。つまり，(124a)は Many students [didn't pass the exam]. という動詞句否定の例であり，(124b)は [Not many students passed the exam]. とい

う文否定の例です。

　(125a)は,「すべての学生が試験に合格したわけではない」すなわち,「合格しなかった学生も何人かいる」ことを意味します。一方, (125b)はあいまい文です。一つの解釈は(125a)と同じですが, もう一つの解釈は「試験に合格した学生は一人もいない。」です。

　(126a)のように否定の前置詞句の with no job が前置され, 後続の主語と動詞が倒置された文では, 文全体が否定されます。一方, (126b)のように同じように前置詞句が前置されていますが, 後続の主語と動詞がそのままの語順の場合は前置詞句が否定されます。(126a)は「どんな仕事にもポールは満足しないだろう。」を意味し, (126b)は「仕事がないと, ポールは喜ぶだろう。」を意味します。

　(127a)は「トムは頻繁には町に行かない。」すなわち,「たまには町に出る」ことがあることを意味しますが, (127b)は「トムが町に出かけないことが頻繁にある。」ことを表しています。つまり, (127a)では否定辞の not は very often にかかっていますが, (127b)では not は go to town にかかっているのです。なお, (127a)の内容を強調的に表現すると Not very often does Tom go to town. となります。

　(128)については, (128a)よりも(128b)の方が否定の意味が強いとされています。すなわち, (128a)は「ジャックは幸せではない。」と単に述べているのに対して, (128b)は「ジャックは不幸だ。」を意味するのです。否定辞が否定する要素に近ければ近いほど否定の効果が強くなります。(128a)では否定辞 not と happy は隣り合わせになっていますが, (128b)では否定の接頭辞 un と happy が結合して一語になっているので, unhappy のほうが否定の意味が強いということになります。

練習課題

次の各ペアの意味の違いを答えなさい。

(1) a.　I don't love him, because he is handsome.
　　b.　I don't love him because he is handsome.

(2) a.　Ken didn't solve any problems.
　　b.　Ken didn't solve every problem.
(3) a.　I think you are not right.
　　b.　I don't think you are right.
(4) a.　Meg didn't see anybody yesterday.
　　b.　Meg didn't see everybody yesterday.
(5) a.　I don't need both of them.
　　b.　I don't need either of them.

14.　比較構文

　この節では，比較構文における類似表現の意味の違いについて観察することにしましょう。

Question

(129)～(131)の各ペアの意味の違いを答えなさい。

(129) a.　Henry is older than middle-aged.
　　　b.　Henry is more old than middle-aged.
(130) a.　I earn a third as much as Bob.
　　　b.　I earn a third more than Bob.
(131) a.　John is not taller than Paul.
　　　b.　John is no taller than Paul.

　(129a)は，通常の比較構文の例で，「ヘンリーは中年以上の年齢である（高齢者であること）」ことを述べていますが，(129b)は，middle-agedという表現を使うよりもoldという表現を使った方が，ヘンリーという人物を適切に描写できることを述べている文です。つまり，(129b)は，「ヘンリーは中年というよりも，むしろ年寄りだ」といっているのです。(129b)の類例としては，She is more proud than vain.（彼女はうぬぼれが強いと

うよりも，むしろ，傲慢なのだ。）や He is more shy than unsocial.（彼は非社交的というよりも，むしろ，はにかみやなのだ。）などを挙げることができます。

　（130a）は，「私の稼ぎはボブの3分の1である。」を意味するのに対し，（130b）は，「私の稼ぎはボブの稼ぎよりも3分の1多い。」を意味します。例えば，ボブの年収が3万ドルであるとすると，（130a）は私の年収は1万ドルであることになり，（130b）では私の年収は4万ドルということになります。

　　[注]　I earn four times as much as Bob. と I earn four times more than Bob. は，いずれも，「私の稼ぎはボブの4倍である。」を意味するので注意を要します。ただし，I earn four times as much as Bob. の方が普通の表現とされます。

　（131a）は，「ジョンはポールより背が高くない。」といっており，もしかしたらジョンの方が背が低いこともありうると話し手が思っている文です。一方，（131b）は，「ジョンはポールと同じ背丈である。」といっている文です。つまり，（131a）は Not [John is taller than Paul]. という構造を，また，（131b）は John is [no taller] than Paul. の構造を成しています。したがって，（131a）の文は It is not so that John is taller than Paul.，（131b）の文は John is exactly as tall as Paul. のように，それぞれ言い換えが可能です。

Question

（132）〜（135）の各ペアの意味の違いを答えなさい。

(132) a.　John has no more than three dollars in his pocket.
　　　b.　John has not more than three dollars in his pocket.
(133) a.　John has no less than 1,000 CDs.
　　　b.　John has not less than 500 CDs.
(134) a.　He is no better than an animal.
　　　b.　He is not better than an animal.

(135) a. She sings as well as playing the piano.
　　　 b. She sings as well as she plays the piano.

　(132a)は，「ジョンはポケットに3ドルしか持っていない。」を意味し，(132b)は，ジョンはポケットに多くても3ドル，またはそれ以下しか持っていないことを表しています。no more than は only（わずか，たった）を意味しますが，not more than は at most（せいぜい，多くて）を意味します。これらの表現は，あるものの数量が少ないことを強調する場合に用いられます。

　(133a)は「ジョンは1,000枚ものCDを持っている。」を意味し，(133b)は「ジョンは少なくとも500枚のCDを持っている。」を意味します。no less than は as many as（～ほども多くの）とほぼ同義であり，not less than は at least とほぼ同義で，「～よりも少なくはない」すなわち「～より多いかもしれない」という意味で用いられます。これらの表現は，あるものの数量が多いことを強調する場合に用いられます。

　(134a)は「彼は動物同然だ。」を意味し，一方，(134b)は「彼は動物以下だ。」を意味します。no better than は「～も同然」を意味し，not better than は「～以下」を意味します。

　(135a)は「彼女はピアノを弾くばかりではなく歌も歌う。」を意味し，(135b)は「彼女はピアノを弾くのと同じくらい上手に歌を歌う。」を意味します。つまり，(135a)の as well as は，not only ... but also の意味であり，She not only plays the piano but also sings. に対応します。また，(135b)は，Her singing is as good as her playing the piano. に対応します。

練習課題

次の各ペアの文の意味の違いについて説明しなさい。

(1) a. I like you much more than he.
　　 b. I like you much more than him.
(2) a. Sally is not prettier than Kate.

b. Sally is no prettier than Kate.
(3) a. He gave me no less than $200.
　　　b. He gave me no more than $200.
(4) a. I am not taller than George.
　　　b. I am no taller than George.
(5) a. Nobody in the class is prettier than she.
　　　b. Nobody in the class is as pretty as she.

15.　その他の類似表現

これまで触れてこなかった類似表現のうち，注意すべきもの，重要なものに的を絞って紹介しておきます。

Question

(136)〜(143)の各ペアの意味の違いを答えなさい。

(136) a. John is certain to win the game.
　　　 b. John is certain of winning the game.
(137) a. Mary fears ghosts/big dogs.
　　　 b. Big dogs/ *Ghosts frighten Mary.
(138) a. The shirt irons well.
　　　 b. The shirt was ironed well.
(139) a. Meg frightens easily.
　　　 b. It is easy to frighten Meg.
(140) a. I believe it.
　　　 b. I believe so.
(141) a. I hate that man's watching Linda.
　　　 b. I hate that man watching Linda.
(142) a. Here comes Harry.
　　　 b. Harry comes here.

(143) a. I wish she could attend the meeting.
　　　 b. I wish her to attend the meeting.

　(136a)は，「ジョンはきっと試合に勝つ」という「話し手の確信」を表しており，It is certain that John will win the game. とほぼ同じ意味ですが，(136b)は，「ジョンは試合に勝つことを確信している」John is certain that he will win the game. つまり，ジョン自身が勝利を確信していることを表している文です。このように，be certain to と be certain of は使われ方が異なります。

　(137a)のように動詞 fear が使われている場合は，メアリーが恐れているものは必ずしも実在している必要はなく，幽霊でもかまいません。しかし，(137b)のように動詞 frighten が使われている構文では，主語になれる名詞は実在するものに限られます。したがって，(137b)では ghosts は主語になることが許されません。

　(138a)は，シャツの属性描写，つまりシャツの質の良さを述べていて，「そのシャツはアイロンがけが上手にできる」ことを意味します。一方，(138b)は，アイロンがけをした人の技術(skill)について述べた文であり，「そのシャツは上手にアイロンがけがされていた」ことを表します。

　(138a)のように，本来他動詞であるものが自動詞として使われている文は，**能動受動文**あるいは**中間構文**と呼ばれているもので，この種の構文では「主語の属性描写」がなされます。ほかには例えば，This car drives easily. や This book reads easily. などがあります。(138b)は普通の受動態の文です。

　(139a)は，(138a)と同じタイプの構文で，メグの属性が述べられています。この文は，メグのことを怖がらせるつもりはないのに，ちょっとした言動で彼女がすぐに怖がってしまうことを述べています。つまり，非意図的行為であっても彼女を怖がらせてしまうわけです。それに対して，(139b)は，メグを怖がらせようと思えば簡単に怖がらせることができることを意味します。したがって，(139b)は，もし彼女を怖がらせようと

意図するなら簡単にできる，ということを述べているのです。

　(140a)と(140b)の違いは，it と so がそれぞれ使われているところだけです。例えば，The world is an oyster. とだれかが言った後の表現として，(140a)と(140b)を考えてみましょう。話し手が The world is an oyster. という内容が真であると思っている場合には，(140a)のように it が用いられます。一方，話し手が The world is an oyster. であることは認めつつも，それ以外にも真である可能性のある事柄があるかもしれないと思っている場合には，(140b)のように so が用いられます。つまり，ある事柄に関する内容の真実性に関して，確信がある場合には it が用いられ，確信の度合いが高くない場合には so が用いられるということです。

　(141a)は，「あの男がリンダを見ていることが嫌だ。」と述べている文ですが，(141b)は，「リンダを見ているあの男のことが嫌いだ。」と述べている文です。つまり，(141a)は「あの男の行為が気に入らない。」と述べていますが，(141b)は，I hate that man who is watching Linda. が縮約された形であり，「あの男そのものが嫌いである」ことを述べています。

　(142a)は，「ほらハリーがこちらにやって来るよ。」を意味しますが，(142b)は，「ハリーはここに来てますよ。」を意味します。同じ現在時制の comes が使われていますが，(142a)では発話時と同時で瞬間的であり，(142b)の comes は現在の事実の描写に用いられていて習慣的な意味合いを帯びています。(142a)と(142b)のこのような違いは，Here comes Harry around the corner. と言えても *Harry comes here around the corner. とは言えないこと，また，Harry comes here from time to time. とは言えても *Here comes Harry from time to time. とは言えないことから明らかでしょう。

　(143a)は，「彼女が会議に出席してくれたらいいのだが。」を意味し，(143b)は，「彼女に会議に出席してもらいたい。」を意味します。(143a)のように，I wish の後に仮定法過去の動詞（ここでは could）が用いられると，現在の事実と反対の事柄が「願望」されていることを意味します。一方，(143b)のように wish の後に to- 不定詞が続く場合には，to- 不定詞

以下の内容は文主語の「要求」を表します。

練習課題

次の各ペアの意味の違いを答えなさい。

(1) a.　He is certain of winning the prize.
　　b.　He is certain to win the prize.
(2) a.　Kate shocks easily.
　　b.　Kate is easy to shock.
(3) a.　Porcelain sinks clean easily.
　　b.　Porcelain sinks are easy to clean.
(4) a.　John was angry at Sally's getting married.
　　b.　John was angry at Sally getting married.
(5) a.　He said, "I will quit my job." —Did he really say that?
　　b.　He said he would quit his job.—Did he really say so?

参考文献

Bach, Emmon. (1981) "On Time, Tense, and Aspect : An Essay in English Metaphysics," *Radical Pragmatics*, ed. by Peter Cole, 63-81, Academic Press, New York.
_____. (1986) "The Algebra of Events," *Linguistics and Philosophy 9*, 5-16.
_____. (1986) *Informal Lectures on Formal Semantics*, State University of New York, New York.
Bennett, Michael and Barbara Partee. (1978) "Toward the Logic of Tense and Aspect in English," published by the Indiana Linguistic Club.
Bennett, Michael. (1981) "Of Tense and Aspect : One Analysis," *Syntax and Semantics 14*, ed. by Philip Tedeschi and Annie Zaenen, 13-30, Academic Press, New York.
Bolinger, Dwight. (1977) *Meaning and Form*, Longman, London and New York.
Carlson, Lairo. (1981) "Aspect and Quantification," *Syntax and Semantics 14*, ed. by Phillip Tedeschi and Annie Zaenen, 31-62, Academic Press, New York.
Carlson, Gregory. (1980) *Reference to Kinds in English*, Garland, New York.
Close, R. A. (1975) *A Reference Grammar for Students of English*, Longman, Harlow.
Dahl, Osten. (1981) "On the Definition of the Telic-Atelic Distinction," *Syntax and Semantics 14*, ed. by Philip Tedeschi and Annie Zaenen, 79-90, Academic Press, New York.
Davidson, Donald. (1980) *Essays on Actions & Events*, Oxford University Press, London.
Diesing, Molly. (1996) *Indefinites*, The MIT Press, Cambridge, Massachusetts.
Dixon, R. M. W. (1991) *A New Approach to English Grammar, on Semantic Principle*, Clarendon Press, Oxford.
Dowty, David. (1977) "Toward a Semantic Analysis of Verb Aspect and the English 'Imperfective' Progressive," *Linguistics and Philosophy 1*, 45-78.
_____. (1979) *Word Meaning and Montague Grammar*, Reidel, Dordrecht.
_____. (1982) "Tenses, Time adverbs, and Compositional Semantic Theory," *Linguistics and Philosophy 5*, 23-58.
Giorgi, Alessandra and Fabio Pianesi. (2001) "Ways of Terminating," *Semantic Interfaces*, ed. by Carlo Cecchetta, Gennaro Chierchia and Maria Terresa Grasti, 211-277, CSLI Publication, Stanford, CA.
Halliday, M. A. K. (1985) *An Introduction to Functional Grammar*, Edward Arnold, London.
Hofmann, Th. R. (1993) *Realms of Meaning*, Longman, London and New York.
Huddleston, Rodney and Geoffrey K. Pullum. (2002) *The Cambridge Grammar of*

the English Language, Cambridge University Press, Cambridge.

Krifka, Manfred. (1989) "Nominal Reference, Temporal Constitution, and Quantification in Event Semantics," *Semantics and Contextual Expression*, ed. by Renate Bartsh, Johan van Benthem, and Peter van Emde Boas, 75-116, Foris, Dordrecht.

_____. (1992) "Thematic Relations as Links between Norminal Reference and Temporal Constitution," *Lexical Matters*, ed. by Ivan Sag and Anna Szabolcsi, 29-53, The University of Chicago Press, Chicago.

_____. (1998) "The Origins of Telicity," *Events of Grammar*, ed. by Suzan Rothstein, 197-236, Kluwer, Dordrecht.

Kearns, Kate. (2000) *Semantics*, St. Martin's Press, London.

_____. (2003) "Durative Achievement and Individual Predicates on Events," *Linguistics and Philosophy Vol. 26, No.5*, 595-635.

Kuno, Susumu. (1987) *Functional Syntax*. The University of Chicago Press, Chicago and London.

Lakoff, Geroge. (1987) *Women, Fire, and Dangerous Things*. The University of Chicago Press, Chicago and London.

_____ and Mark Johnson. (1980) *Metaphors We Live By*, The University of Chicago Press, Chicago and London.

Landman, Fred. (1992) "The Progressive," *Natural Language Semantics 1*, 1-32.

Leech, Geoffrey. (1971) *Meaning and the English Verb*, Longman, London.

Lees, David. (2001) *Cognitive Linguistics : An Introduction*, Oxford University Press, Oxford.

Link, Godehard. (1983) "The Logical Analysis of Plurals and Mass Terms : A Lattice-Theoretical Approach," *Meaning, Use and the Interpretation of Language*, ed. by Rainer Bauerle, Christopher Schwarze and Arinim von Stechow, 303-323, de Gruyter, New York.

Lyons, John. (1977) *Semantics 2*, Cambridge University Press, Cambridge.

Mittowoch, Anita. (1988) "Aspect of English Aspect : On the Interaction of Perfect, Progressive and Durational Phrases," *Linguistics and Philosophy 11*, 203-254.

Montague, Richard. (1974) *Formal Philosophy: Selected Papers of Richard Montague*, ed. by Richmond Thomason, Yale University Press, New Haven.

Mourelators, Alexander. (1981) "Event, Progresses, and States," *Syntax and Semantics 14*, ed, by Philip Tedeschi and Annie Zaenen, 191-212, Academic Press, New York.

Parsons, Terence. (1985) "Underlying Events in the Logical Analysis of English," *Action And Events*, ed. by Ernest LePore and Brian MacLaughlin, 235-267, Blackwell, Oxford.

_____. (1989) "The Progressive in English : Events, States and Processes," *Linguistics and Philosophy 12*, 213-242.

_____. (1990) *Events in the Semantics of English*, MIT Press, Cambridge, MA.

Pustejovsky, James. (1991) "The Syntax of Event Structure," *Lexical and Conceptual Semantics*, ed. by Beth Levin and Steven Pinker, 47-81, Blackwell, Oxford.
_____. (1995) *The Generative Lexicon*, MIT Press Cambridge, MA.
_____. (1998) "Generativity and Expansion in Semantics : On James Pustejovsky's The Generative Lexicon," *Linguistics and Philosophy 29*, 289-310.
Quirk, Randolph, *et al.* (1985) *A Comprehensive Grammar of the English Language*, Longman, Harlow.
Rothstein, Susan. (1999) "Fine-grained Structure in the Eventuality Domain: The Semantics of Predicative Adjective Phrases and *Be*," *Natural Language Semantics 7*, 347-420.
_____. (2004) *Structuring Events*, Blackwell Publishing, MA.
Stechow, Arnia von. (2001) "Temporally Opaque Argument in Verbs of Creation," *Semantic Interfaces*, ed by Cecchetto, Carlo, Gennaro Cherchia and Maria Terasa Guastic, 278-319, CSLL Publication, California.
Shirai, Yasuhiro. (1996) "Does Accomplishment Always Have Duration?," *CLS 32*, 335-345.
Singh, Mona. (1998) "The Semantics of the Perfect Aspect," *Natural Language Semantics 6*, 169-199.
Swan, Michael. (1995) *Practical English Usage,* Second Edition, Oxford University Press, London.
Taylor, Barry. (1977) "Tense and Continuity," *Linguistics and Philosophy 1*, 199-220.
Tenny, Carol. (1992) "The Aspectual Interface Hypothesis," *Lexical Matters*, ed. by Ivan Sag and Anna Szabolsci, 1-28, CSLI Publication, Stanford, CA.
Tenny, Carol. (1994) *Aspectual Roles and the Syntax-Semantics Interface*, Kluwer, Dordrecht.
ter Meulen, Alice. (1983) "The Representation of Time in Natural Language," *Studies in Modeltheoretic Semantics*, ed. by Alice Meulen, 177-191, Foris, Dordrecht.
_____. (1984) "Events, Quantities and Individuals," *Varieties of Formal Semantics*, ed. by Fred Landman and Frank Veltman, 259-279, Foris, Dordrecht.
_____. (1987) "Locating Events," *Foundations of Pragmatics and Lexical Semantics*, ed. by Janssen Groenedijk, Dick de Jongh and Martin Stokhof, 27-40, Foris Dordrecht.
Thomson, A. J. and A. V. Martinet (1980) *Practical English Grammar,* Third Edition, Oxford University Press, London.
Tomoshige, Yoshinori (2007) *A Semantic and Pragmatic Analysis of the English Middle Construction*, RESEARCH REPORTS no.9, 133-143. University of Hyogo, School of Human Science and Environment.
Verkuyl, Henk. (1993) *A Theory of Aspectuality*, Cambridge University Press, Cambridge.
_____. (1999) *Aspect Issues*, CSLI Publication, Stanford, CA.
Vendler, Zeno. (1967) *Linguistics in Philosophy*, Cornell University Press, Ithaca.

_____. (1984)" Adverbs of Action," *Chicago Linguistic Society 22*, 297-307.
Vlach, Frank. (1981) "The Semantics of the Progressive," *Syntax and Semantics 14*, ed. by Philip Tedeschi and Annie Zaenan, 271-292, Academic Press, New York.
_____. (1993) "Temporal Adverbials, Tense, and the Perfect," *Linguistics and Philosophy 16*, 231-284.
Voorst, Jan Van. (1992) "The Aspectual Semantics of Psychological Verbs," *Linguistics and Philosophy 1*, 65-92.
Yoshikawa, Hiroshi. (2003) "A Semantic Analysis of Accomplishment on the Basis of Event Semantics," *English Linguistics 20:2*, 535-561.
Zucchi, Sandro. (1999) "Incomplete Events, Intensionality and Imperfective Aspect," *Natural Language Semantics 7*, 179-215.
Zucchi, Sandro and Micheal White. (2001) "Twigs, Sequences and Temporal Constitution of Predicates," *Linguistics and Philosophy 24*, 223-270.

荒木一雄・小野経男・中野弘三 (1977)『助動詞』研究社
有村兼彬・天野政千代 (1987)『英語の文法』英潮社新社
安藤貞雄 (2005)『現代英文法講義』開拓社
池上嘉彦 (1981)『「する」と「なる」の言語学』大修館書店
――――― (1995)『＜英文法＞を考える』筑摩書房
影山太郎 (1996)『動詞意味論』くろしお出版
―――――・由本陽子 (1997)『語形成と概念構造』研究社
久野暲・高見健一 (2004)『謎解きの英文法　冠詞と名詞』くろしお出版
小西友七 (1970)『現代英語の文法と語法』大修館書店
澤田治美 (1993)『視点と主観性――日英語助動詞の分析』ひつじ書房
杉本孝司 (1998)『意味論１――形式意味論』くろしお出版
田中　実 (1988)『英語構文ニュアンス事典』北星堂
友繁義典 (2002)「動名詞と不定詞の意味論」姫路工業大学　環境人間学部研究報告　第４号，pp. 133-147.
――――― (2006)「中間構文の成立に関する意味的・語用論的制約」『英語語法文法研究』英語語法文法学会編　第13号，pp. 95-110. 開拓社
―――――・ジョージ・マノ (2006)『ネイティブの発想を知る　英語イディオム222』三修社
村田勇三郎 (2005)『現代英語の語彙的・構文的事象』開拓社
吉川　洋 (2004)「イベント意味論における項とアスペクト」姫路工業大学　環境人間学部研究報告　第６号，pp. 153-166.
――――― (2005)「達成タイプ動詞句の二項イベント分析」兵庫県立大学　環境人間学部研究報告　第７号，pp. 205-212.
八木克正 (1999)『英語の文法と語法――意味からのアプローチ』研究社出版
安井　稔 (1983)『英文法総覧』開拓社
――――〔編〕(1987)『現代英文法事典』大修館書店

索　引

[A]
a, an　64-69,78,79,105,111,112,115,116,153,154
across　11,23,26,149
aim at　53,54
all　64,93,163
almost　121,86-88
along　23,26
already　121
anything　69
around　70,71
arrive at　13-15,17,21,22
as much as　165,166
as well as　155,167
as 節　155,156,160
at（場所）　147-149

[B]
bake a cake　75,76
bake a potato　75,76
bank　53
be 受動文　139-141
be able to　143,144
be asleep　49-51
be cool　51,52
be dead　38,39
be drunk　43,44
be going to　146,142,147
be ironed well　168
be nice -ing　129

be nice to　129
be red　37,38,45,46
be tired from/of　151
be to　146
beat around the bush　100
bed　112
build a house　11,13-17,21
by（時間）　151,152
by（場所）　150

[C]
can　143,144
carefully　5,6
catch a cold　40,41
catch at the rope　125
catch the rope　125
certain　118,168,169
church　112
climb up　123
collide　126,127
comb　76
consider　131
continue -ing　129
continue to　129
cool（vi.）　51,52
cool（vt.）　51,52
cook one's goose　99,100
cure　4,48,49
custom　104
customs　104

cut at the cheese　　125
cut the cheese　　125
[D]
decide on　　63
deliberately　　5,6
die　　38,39
drown　　136,142
duck　　56,57
due　　118
[E]
eat an apple　　11
eat popcorn　　29,30
eat a bag of popcorn　　29,30
even if　　155
even though　　155
every　　64-68
everyone　　68
[F]
fairly　　120,121
fall asleep　　49-51
fear　　168,169
find　　130,131
float under　　72,73
for（時間）　　71,73,74,88,89,124
force　　5,7
frighten　　168,169
[G]
get 受動文　　139-141
get drunk　　43,44
give a jump　　127
give a laugh　　127
glass　　105
go on -ing　　129
go on to　　129
go to bed　　112

go to the bed　　112
green house　　61
[H]
hair　　105
hammer the metal　　46,47
hammer the metal flat　　46,47
happily　　119,120
have a cold　　40,41
have a laugh　　127,128
have to　　143-146
hear　　6-8,35,36,132
help　　141,142
hit at　　125
hit ～ with...　　62
hot　　118
How long did it take S to VP ?　　5,10
[I]
I believe it.　　168
I believe so.　　168
if　　155
in（時間）　　4,5,10,14,17,71,73,74
in（場所）　　27-29,111,112,147-149
into　　27,28
iron well　　168
IT 構文　　157-159
[J]
just　　120
[K]
kick at　　123
kick the bucket　　99,100
kind　　136
know　　13-16,31-33,42,43
[L]
late　　117,118
leak　　136

leave　　63,64
like -ing　　129
like to　　129
listen to　　6-8,35,36
live　　136
look at　　3,4,33,34
[M]
make（使役）　　131,133
manner　　104
manners　　104
may　　143-146
more than　　165,166
must　　98,143-145
[N]
navigable　　118
near　　150
nearly　　121
need（法助動詞）　　143
need to　　145
no better than　　166,167
no less than　　166,167
no more than　　166,167
none　　161
not better than　　166,167
not less than　　166,167
not more than　　166,167
[O]
of　　109,110
on　　114,149,150
order　　132
ought to　　145
[P]
paint the wall　　74,75
persuade　　5,141,142
picture　　55,56

possible　　144,158,159
present　　118
pull on　　123
pull one's leg　　99,100
push a car　　17,18
push the cart toward the store　　9,10
push the cart to the store　　9,10
[R]
rather　　121
realize　　42,43
really　　120
redden (vi.)　　37,38
redden (vt.)　　45,46
room　　105
run　　13-19,24,25
run across the street　　23,24,26,27
run along the street　　23,24,26,27
run into the house　　11
run to the station　　iii,24,25
run toward the station　　iii,24-26
[S]
school　　113
see　　3,4,33,34
shoot at　　122,123
should　　98,99,145
shout at/to　　151
sink　　19
slap at　　125
sleep　　49-51
speak about/on　　150,151
study　　31,32
swim across　　123,124
[T]
take a jump　　127
the　　111-116,153,154

the same ～ as/that   153
THERE 構文   157-160
think about   151
think of   78,79,151
through   149
tighten one's belt   100
till   151
to (前置詞)   iii,9,10,24-27
toward   iii,9,10,24-27
treat   4,48,49
try -ing   129
try to   129,130

[U]
unless   155
upstairs   71,72

[V]
visible   118
VP   5

[W]
walk across the street   11
walk in/into the house   27-29
What S did was to VP   5,6
when 節   156
whether   155
will   146,147
wish   79,169,170
woman doctor   61

[Y]
yet   121

[あ]
あいまい性   iii,28,54,145
あいまい文   53
一時的状況述語   80-83
意味解釈   53,109,134,138

意味構造   20,38,39,41,43,44,46,47,52
意味特性   iii,4,5,12,29,71,72,86-88
永続的状況述語   80-83

[か]
外部否定（External Negation）   143
開放条件（Open Condition）   156
過去形   137,138
可算名詞   29
学校文法   3,19,158
活動   6,8,113
活動動詞（Activity Verbs）   18,23,32,
    70,71,88
活動動詞句（Activity VPs）   18-20,
    22-29,47,49,50,70,71,87
仮定法   156,170
関係詞構文   152-154
関係詞節   66,153,154
慣用表現   99,100
完了（現在完了形）   83-85
完了・完結   9-11
完了の解釈   71-77
完了文   83
却下条件（Rejected Condition）   156
旧情報   134,135
経験（現在完了形）   83-85,138
継続（現在完了形）   83-85
軽動詞（Light Verbs）   127
軽動詞構文   127
形容詞   37,38,46,51,60,61,117-119
結果構文   46
get 受動文   139-141
言語形式   53
現在完了形   83-85,137,138
限定用法   117-119
行為の繰り返し   76

5文型　iii,3
根源的用法　98,145

[さ]

再帰代名詞　106-108
最終到達点　9,10,11,73
作成物(Effected Object)　75-77
時間の副詞句　4,5,17,22,24,71,88,89
自動詞　19,37,38,51
自動詞句　20,26
集合の読み(Collective Reading)
　93-95
主格　57,59,156
主語　101,110,130-133,137,139,140,
　156
受動文　103,139
準助動詞(Semi-Auxiliaries)　143-147
状態動詞(Stative Verbs)　16,32,34,
　36,42
状態動詞句(Stative VPs)　15,32,34,
　36,37,39,41,42,44,50-52
状態動詞BE　37,38,44,46,47,50-52
状態変化　10,11,15-17,19,20,38,39,
　41,44,50
省略　95-97
叙述用法　117-119
所有　134
所有格　57,109,110
進行形　4,136,137
新情報　134,135
数量詞(Quantifier)　55,64,93
「スル」型判定基準　12
「スル」動詞DO　32,34,36,46,47,50,52
「スル」の意味特性　8,21,22,72
制限用法　153
接続詞構文　155-157

全称数量詞　64
前置詞　147-152
前置詞句(Prepositional Phrases)
　23-29,70-73,133,164
総称の読み(Generic Reading)　80
存在数量詞　64
存在の読み(Existential Reading)　80

[た]

代名詞の単一形　106
達成動詞句(Accomplishment VPs)
　22,24,25,46,47,49,51,70,71,86
他動詞　45,51,126
単数形　104
中間構文　169
抽象名詞　105,106,154
定冠詞　111-116,153,154
出来事　84
出来事動詞句(Event VPs)　17,19,
　21,22
同一行為の繰り返しの読み(Repetitive
　Reading)　89
動詞 -ing　58-60,128-130
動詞句　iii,3,5,22,23,31
動詞句修飾　89,120
動詞句の分類　3,22,23,31
動詞句否定　69,91,162
到達動詞句(Achievement VPs)
　22,39,42-44,50,51,87,88
到達動詞(Achievement Verbs)　39
to-不定詞　101,102,128-130
動名詞　58-60,128-130
特定的読み(Specific Reading)　78,79

[な]

内部否定(Internal Negation)　143
「ナル」型判定基準　14

「ナル」動詞 BECOME　　20,38,39,41,
　　43,44,46,50-52
「ナル」の意味特性　　11,22,72
「ナル」の状態変化　　20
二重目的語構文（Double Object Construction）　　133-135
認識的用法　　98,145
能動受動文　　169
能動文　　103
[は]
裸の複数名詞句（Bare Plural NPs）
　　80-83
判定基準　　5
be 受動文　　139-141
被影響物（Affected Object）　　75-77
被影響名詞句（Affected NPs）　　73-77
比較構文　　165-167
非状態動詞句（Non-Stative VPs）
　　16-23
非制限用法　　153
否定構文　　161-164
否定辞 not　　69,91,162
非特定的読み（Unspecific Reading）
　　78,79
一つの行為の結果の読み（A Reading of the Result State of a Single Act）
　　89
不可算名詞　　29
複合動詞句　　29,74
副詞句　　84,86-92
複数形　　80-83,104
普通名詞　　105,106
物質名詞　　105,106
不定冠詞（→ a, an の項）　　105,154
不定名詞句　　78,79

文型　　iii,3,133
文修飾　　89,120
分配の読み（Distributive Reading）
　　93-95
文否定　　69,91,162
文法関係　　57-59
法助動詞　　98,99,143-147
[ま]
未完了の解釈　　71-77
名詞句　　55,58,62,73-77,78-83
命令形　　4,5,8
目的格　　57-60,110,156
目的語　　29,73-77,110,122-126,
　　130-133,133-135,156
文字通りの意味　　99,100
[や]
様態の副詞（句）　　6
与格構文（Dative Construction）
　　133-135

[著者紹介]

吉川　洋（よしかわ　ひろし）
大阪府生まれ。関西学院大学大学院文学研究科修士課程修了。米国イリノイ大学アーバナ・シャンペイン校客員研究員として留学。現在、兵庫県立大学環境人間学部教授。
主な論文は "On Co-Indexing Relationship in Montague Grammar." (*English Linguistics* Vol.5, 日本英語学会編), "A Semantic Analysis of Accomplishments on the Basis of Event Semantics." (*English Linguistics* Vol. 20, 日本英語学会編), など。

友繁義典（ともしげ　よしのり）
京都府生まれ。関西学院大学大学院文学研究科博士後期課程単位取得修了。米国カリフォルニア州立大学バークレー校客員研究員として留学。現在、兵庫県立大学環境人間学部准教授。
主な著書・論文は、『ユースプログレッシブ英和辞典』（小学館、項目執筆）、『ネイティブの発想を知る　英語イディオム 222』（三修社、共著）。「中間構文の成立に関する意味的・語用論的制約」『英語語法文法研究』第 13 号（英語語法文法学会編）、など。

［入門講座］**英語の意味とニュアンス**
©Hiroshi Yoshikawa & Yoshinori Tomoshige, 2008　　　NDC834　viii, 182p　21cm

初版第 1 刷	2008 年 2 月 15 日
著　者	吉川　洋／友繁義典
発行者	鈴木一行
発行所	株式会社　大修館書店
	〒101-8466　東京都千代田区神田錦町 3-24
	電話(03)3295-6231(販売部)03-3294-2354(編集部)
	振替00190-7-40504
	[出版情報] http://www.taishukan.co.jp

装丁者	杉原瑞枝
イラスト	内藤明生
印刷所	壮光舎印刷
製本所	司製本

ISBN 978-4-469-24534-9　Printed in Japan
Ⓡ本書の全部または一部を無断で複写複製(コピー)することは、著作権法上での例外を除き禁じられています。

〈テイクオフ〉英語学シリーズ

このシリーズは，英語学の概論用テキストで，〈テイクオフ〉の名のとおり，英語そのものを勉強してきた高校までの「英語学習」から，英語を素材とした「英語学」への橋渡しを目的としています。明快な記述はもちろんのこと，どの巻も，最新の知見をベースにしていますので，さらにその先の専門コースへもスムーズにつなげていくことができます（練習問題付き）。

A5判・本体各 1,600 円

①英語の歴史 ……………………………………………松浪　有編
　　古英語に始まる英語の歴史を，アメリカやカナダ，さらにはインド，シンガポール，フィリピンなどで使われる「新英語」までつなげて概観する。

②英語の文法 …………………………………村田勇三郎・成田圭市著
　　英語を学びかつ教える上で，今まで盲点となっていた機能主義的な観点から英文法を捉え直した新しい試み。暗記文法からの「テイクオフ」を目指す。

③英語の意味 …………………………………………池上嘉彦編
　　「英語学習」の段階では取り上げられることのなかったことばの意味の世界へテイクオフ！　最新の認知意味論的視点も加えながらその接近方法を紹介。

④英語の使い方 …………………………………………今井邦彦著
　　"What was your name ?" など，普通に使われる表現でありながら，これまで扱われることのなかった生きた英語を実際の使用の観点から整理する。

定価＝本体＋税5％（2008年1月現在）